LES NOUVELLES APPROCHES SOCIOLOGIQUES DES ORGANISATIONS

HENRI AMBLARD ♦ PHILIPPE BERNOUX
GILLES HERREROS ♦ YVES-FRÉDÉRIC LIVIAN

LES NOUVELLES APPROCHES SOCIOLOGIQUES DES ORGANISATIONS

ÉDITIONS DU SEUIL
*27, rue Jacob, Paris VIe*

ISBN 2-02-026186-3

Introduction

Les changements qu'ont connus tant les entreprises que les organisations au cours des dix dernières années et les nombreuses interprétations qui en ont été données ont fait apparaître la nécessité d'analyses plus rigoureuses que celles qui en sont faites couramment. Tous les acteurs – dirigeants, personnels d'encadrement, syndicalistes, formateurs-consultants – se trouvent confrontés à la nécessité de comprendre comment les organisations évoluent ou se bloquent, se développent ou déclinent et disparaissent. Le discours qui s'appuie sur les contraintes techniques, économiques et financières comme causes et non comme conséquences, a montré son insuffisance. Les changements que ces acteurs sont amenés à concevoir et à mettre en œuvre nécessitent un appui sur des connaissances plus précises. De plus, l'affaiblissement des repères traditionnels, notamment en termes de modèles d'organisation et de *management*, rend cette tâche plus délicate et renforce ce besoin de connaissances.

La sociologie des *organisations* tente de répondre à ce besoin : donner des clés de compréhension et d'action aux acteurs engagés dans des situations organisationnelles.

Après de longues années indécises où la réputation des sciences humaines et sociales auprès de certains décideurs – mais aussi de représentants du personnel – apparaissait par trop sulfureuse, l'usage de la sociologie des organisations s'est répandu. Son enseignement s'est développé dans de nombreux instituts et écoles, peut-être surtout dans les programmes de formation continue. Formateurs, consultants, chercheurs utilisent de plus en plus des concepts sociologiques dans leurs interventions. L'apport de cette sociologie des organisations ne paraît plus contesté aujourd'hui.

Pourtant son emploi est encore loin d'atteindre le degré auquel elle semble pouvoir prétendre, ne serait-ce qu'en raison des obstacles existant dans l'accès à ces connaissances. Le foisonnement des publications, la forme par trop ésotérique de leur langage, la multiplication des repères théoriques dans ce champ du changement expliquent ces difficultés. Au-delà de la « vulgarisation » et parallèlement à la « valorisation » des travaux scientifiques eux-mêmes, un travail d'adaptation est donc nécessaire. Il doit avoir comme fonction de faciliter l'appropriation par les acteurs sociaux des nouveaux outils et concepts de l'analyse sociologique des organisations.

Plusieurs ouvrages ont déjà contribué à vulgariser les concepts principaux, spécialement ceux proposés par l'analyse stratégique, celle de M. Crozier et E. Friedberg (1977) en particulier[1] qui sera progressivement considérée comme « classique ».

L'ouvrage que nous proposons suppose connus ces éléments de base. Il poursuit deux objectifs : élargissement et opérationnalisation.

Il y a *élargissement* dans la mesure où la sociologie des organisations et plus généralement l'analyse organisationnelle (dans les pays anglo-saxons on parlerait plutôt de « théorie des organisations ») s'enrichissent, s'amplifient, au contact d'autres champs. C'est le cas pour l'apport de la théorie économique de la firme, de l'économie du travail, de l'anthropologie, de l'histoire, etc.

1. L'ouvrage de P. Bernoux, *La Sociologie des organisations*, Paris, Éd. du Seuil, 4e éd., 1993, s'adressant à un large public, a largement réussi ce pari.

Le but poursuivi dans cet ouvrage n'est pas de brosser un tableau exhaustif de tous ces mouvements. Il est de faire découvrir, à partir de ce que nous considérons comme le corpus de base de la sociologie des organisations française, à savoir l'œuvre de M. Crozier et E. Friedberg, les développements et les enrichissements qui complètent ces travaux et, par là, aident à mieux comprendre et analyser les organisations actuelles. Dans ce sens, nous avons choisi de présenter celles des approches sociologiques contemporaines qui nous paraissent le mieux pouvoir fonder des grilles de lecture et inspirer des démarches d'action en matière d'organisation, de management, de relations sociales.

Notre propos est de permettre au lecteur :

– d'actualiser et de préciser ses connaissances relatives aux approches de l'acteur dans l'organisation, enrichies des débats récents autour de la notion de « culture » et de celle de « règles »[1] ;

– d'examiner la question de la constitution des accords et des conventions entre les acteurs à travers les processus qui les fondent[2] ;

– d'étudier l'approche des réseaux, issue de la sociologie de la science et de l'innovation, qui permet d'approfondir la compréhension du processus de changement[3] ;

– enfin, d'être guidé dans une tentative d'approche transversale à travers la notion de « logiques d'action ».

Cet ouvrage ne se veut donc pas une présentation synthétique et « neutre » des courants sociologiques actuels. Il existe d'excellents ouvrages pour cela. Le but de celui-ci est de présenter les éléments fondateurs de ces courants en vue de leur utilisation concrète par les acteurs des organisations.

1. Travaux de E. Friedberg, P. d'Iribarne, M. Maurice, J.-D. Reynaud, R. Sainsaulieu notamment.

2. Travaux de L. Boltanski et L. Thévenot notamment.

3. Travaux de M. Callon et B. Latour notamment.

Il y a *opérationnalisation* dans la mesure où cet ensemble de travaux doit être rendu opératoire pour ceux qui en ont besoin. Notre ouvrage est le fruit du travail d'une équipe d'auteurs qui l'ont préparé ensemble, en particulier à travers un séminaire de perfectionnement proposé, depuis plus de trois ans, à des cadres d'entreprise et des intervenants[1].

Cette opérationnalisation passe aussi par la présentation de cas[2], situés après chacun des chapitres, et permettant au lecteur de s'en approprier le contenu en s'identifiant aux acteurs et aux situations analysées. Certaines présentations, de même que certains des cas, ont été mis au point en réponse aux questions de notre public, dans un travail de réflexion conjointe, sur l'utilisation des théories présentées. Cette opérationnalisation entraîne forcément des phénomènes de réduction ou de grossissement du contenu des théories, auxquels le contact et l'échange avec ce public nous ont conduits. Elle passe aussi par une confrontation permanente entre grilles de lecture théoriques et cas concrets, exercice auquel nous avons procédé de manière systématique.

Cet ouvrage propose donc un équilibre toujours difficile entre théories et pratiques. Les auteurs espèrent être parvenus à trouver le point où les unes, tout en gardant leur rigueur et leur authenticité, peuvent enrichir les autres en les aidant à plus de cohérence et de connaissance de la réalité. En raison de cette tension, certaines parties ou chapitres qui suivent font place à des développements théoriques que des lecteurs pressés pourront lire plus rapidement. D'autres trouveront dans ces mêmes passages de quoi approfondir les connaissances utiles à tel ou tel aspect de leur pratique.

1. Séminaire « Nouvelles approches sociologiques de l'entreprise. Diagnostic et changement, 1992-1994 ».

2. Deux cas inédits et deux cas adaptés ou repris.

1

Les fondements : contingence, stratégie, règles, identités et cultures

Parler de nouvelles approches est d'une certaine manière toujours ambigu : en effet, une approche n'est jamais entièrement nouvelle. Nous savons tous que la connaissance, voire la science pour ne pas craindre l'usage de termes ambitieux, se construit par un double mouvement de critique et d'appui : critique, au sens où chaque théorie nouvelle commence par la dénonciation des manques et des failles des théories antérieures. Appui, au sens où les acquis de ces théories sont utilisés pour renouveler les perspectives. Il en est de même dans les sciences humaines appliquées au domaine de l'organisation. Depuis une dizaine d'années, un ensemble de théories que nous présentons dans cet ouvrage ont vu le jour. Elles empruntent et s'opposent à la fois à celles qui les ont précédées. Opposition, reconstruction ou complément ? Le lecteur en jugera à l'examen de cet ouvrage.

Dès maintenant cependant, il est possible d'affirmer que ces « nouvelles » approches ne rendent pas obsolètes celles qui les ont précédées. La connaissance, dans notre domaine, se construit puis se renouvelle avec des éléments empruntés aux principales théories qui précèdent, la question étant de s'entendre sur ce qui est « principal ». Ici, compte tenu de son apport et de sa renommée, en particulier dans l'enseignement de la gestion, et de la place qui lui est faite aux États-Unis, on commencera par rappeler les éléments clés de l'approche dite de la contingence, surtout à travers l'actualisation qu'en a faite H. Mintzberg. Puis on développera largement l'analyse stratégique de M. Crozier et E. Friedberg, socle, en France, de la sociologie des organisations. Après elle, la théorie sociologique de la régulation de J.-D. Reynaud (à distinguer de la théorie économique de la régulation, illustrée par les noms de M. Aglietta et de R. Boyer) trouvera sa place. Enfin, dans une perspective où le lien social se définit par ce qui est commun davantage que par des stratégies, le corpus de l'identité et les multiples ramifications de l'analyse culturelle demeurent une approche traditionnelle. Rappelons enfin que ce qui demeure de ces ensembles théoriques, et que nous allons présenter ci-dessous, reste toujours indispensable à la connaissance des organisations, et cela pour une double raison.

D'abord, l'actualité toujours présente des intuitions principales de ces modèles. Pour le dire rapidement et à propos d'un cas, l'influence de l'environnement technique et commercial qui est au cœur des théories de la contingence demeure une des variables qui donne forme aux structures des organisations. Bien entendu, celles-ci ne sont pas déterminées par l'environnement. On ne défendra évidemment pas dans ce livre la thèse d'un déterminisme structurel. N'empêche qu'il paraît utile de rappeler le poids de ces contraintes et la manière dont de nombreux auteurs, très lus dans le milieu de ceux qui ont des responsabilités dans les entreprises, les valorisent. De même, les concepts d'acteur et d'enjeu, voire de système, restent-ils incontournables pour expliquer la vie des ensembles productifs organisés. Il en est enfin de même de ceux de règles, d'identité et de culture, qui mettent en évidence la permanence des pratiques et leur construction. Finalement, donc, l'intérêt pour les nouvelles approches ne se justifie qu'à condition de montrer comment elles se combinent à l'essentiel de celles qui les ont précédées. C'est le premier point que les auteurs de cet ouvrage-ci ont l'ambition de montrer.

Ensuite, chacune de ces théories trouve une application plus particulièrement pertinente à certains moments ou à des niveaux particuliers de la vie des ensembles organisés. Par exemple, on peut comprendre que dans sa phase initiale, parce qu'il fait appel à la désorientation d'un groupe à un moment de crise dans la vie de celui-ci et parce qu'il est lancé par un directeur au charisme fort, un projet d'entreprise « passe » bien auprès de l'ensemble des salariés et que ceux-ci acceptent de le mettre en œuvre. Ici, les clés de l'interprétation sont celles de l'acteur et de sa légitimité. Puis, quelque temps après, lorsque le groupe ne paraît plus menacé et que le directeur a été remplacé, la vieille culture reprend le dessus et les changements contenus dans le projet sont progressivement abandonnés. Ici, la culture traditionnelle et sa non-remise en cause par des principes supérieurs forts expliquent l'échec. Cet exemple assez fréquent montre l'intérêt d'utiliser de manière séquentielle des concepts tirés d'écoles sociologiques différentes.

Ceci ne signifie pas bien évidemment que l'on puisse faire cohabiter tout et son contraire. Les ensembles théoriques utilisés dans cet ouvrage s'inscrivent dans un paradigme global que l'on peut qualifier de sociologie de l'action, fondée en grande partie sur l'individualisme méthodologique. En disant cela, on veut préciser que ces ensembles réfutent tout autant l'explication par la théorie économique standard (l'individualisme des économistes traditionnels) que l'explication par les structures, et/ou par les places dans le système productif (fonctionnalisme), pour ne citer que les principaux courants.

Au fur et à mesure de la présentation des ensembles théoriques, il en sera rappelé les fondements avec plus de précision.

L'APPROCHE PAR LA CONTINGENCE

L'école de la contingence cherche à rendre compte de la manière dont se structurent les organisations à travers l'influence des variables de contexte (technologies et marché notamment, mais aussi système institutionnel au sens large) sur les caractéristiques de ces organisations. Elle a reçu le nom d'approche de la contingence, au sens où le poids de ces contraintes rendrait contingentes les structures de l'organisation, celles-ci étant en grande partie déterminées par celles-là. Ce courant théorique a d'abord été illustré par les travaux de J. Woodward (1965), économiste britannique qui a comparé l'organisation des entreprises dans une même région, donc à environnement institutionnel stable, et a conclu que ces structures étaient liées à la technologie (traditionnelle ou de pointe) et au marché (fabrication de prototypes, petites séries, grandes séries et process). Sa démonstration eut un grand retentissement à l'époque. Quelques années plus tard, cependant, elle-même a reconnu que beaucoup d'autres variables étaient à mettre en œuvre pour rendre compte de la structuration des organisations. Par la suite, Lawrence et Lorsch (1973) ont suivi un raisonnement analogue.

Aujourd'hui, ce type d'approche est surtout vulgarisé dans les travaux d'Henry Mintzberg (1982 et 1990), auteur reconnu dans le milieu managérial. Mintzberg se donne pour objectif « d'éclairer le lien entre la structure d'une organisation et son fonctionnement interne » (1982, p. 28), rejetant l'hypothèse taylorienne d'une « bonne organisation » ou d'une forme structurelle meilleure en soi. La structure est liée à l'environnement mais pas de manière mécanique. Elle dépend aussi des buts que se proposent les dirigeants. Il insiste sur le concept d'ajustement pour expliquer le rapport des organisations avec leur environnement et sur celui de cohérence pour leur fonctionnement interne.

Il en tire une typologie des entreprises en termes de configurations ou de modèles. Ceux-ci « sont par essence des systèmes dans lesquels il est plus important de considérer des réseaux d'interrelations que de s'attacher à une seule variable qui expliquerait les autres » (1990, p. 150). Il s'agit de repérer la façon dont les éléments simples se combinent pour donner une configuration particulière. Le chercheur ou l'acteur doit donc s'engager dans la recherche du type particulier de la classification auquel chaque organisation concrète peut être référée. Il n'y a donc pas « une » organisation mais « un nombre limité » de configurations qui reposent sur des principes d'ajustement et de cohérence. La thèse de H. Mintzberg pourrait s'énoncer ainsi : pour qu'une organisation soit efficace, il faut à la fois se référer à la situation de l'organisation dans son environnement et à une cohérence interne entre les paramètres de conception. Cette double référence donne naissance à une typologie en six modèles de base.

Chaque configuration possède son propre équilibre autour d'une force dominante qui structure le champ des relations. On pourrait la comparer à un jeu de « légo organisationnel » qui permettrait de faire tenir l'ensemble sur cinq ou six points d'appui possibles : le sommet stratégique, le centre opérationnel, la ligne hiérarchique, la technostructure, le support logistique, l'idéologie.

Le premier modèle est appelé « Configuration entrepreneuriale ». Il caractérise les entreprises naissantes où le pôle structurant est celui du sommet stratégique. C'est autour de la direction que s'exerce le contrôle sur les prises de décision et se réalise la coordination par supervision directe sur le centre opérationnel. La structure est donc centralisée, simple, informelle, flexible, avec peu de place pour la ligne hiérarchique et les supports logistiques. Le contexte de contingence est celui d'un environnement simple et dynamique. C'est le cas du commerçant qui transforme son magasin traditionnel en libre-service et se diversifie sur un marché local. La formulation de la stratégie est très liée aux positions de leader dans des créneaux protégés.

Dans le second modèle, la force dominante est celle de la technostructure qui recherche la rationalisation à travers la standardisation des procédés de travail. Cette « Configuration bureaucratique » est adaptée à un environnement simple et stable où la rationalisation favorise le contrôle. On peut prendre l'exemple d'un système postal national, d'une prison, d'un constructeur automobile, qui ont en commun des procédés de travail fortement routiniers et standardisés. La formulation de la stratégie se fait sous forme de programmation avec de longues périodes de stabilité et des moments de crise.

La troisième configuration, celle où la force structurante se situe sur la ligne hiérarchique est nommée « Organisations divisionnalisées ». Les exemples sont ceux des grandes entreprises performantes qui regroupent les unités de production dans des divisions intégrant le commercial, la production, l'administration. Le système de contrôle est fondé essentiellement sur les éléments de la performance financière. Le contexte est celui de marchés diversifiés. La formulation de la stratégie se fait autour de deux pôles, celui du siège pour la stratégie du groupe, celui des divisions pour leur propre marché, avec un risque évident de « balkanisation » ou de concurrence entre divisions.

Lorsque la force dominante se situe du côté du centre opérationnel, il en résulte une configuration spécifique appelée « Organisation professionnelle ». Marquée par une forte problématique de l'autonomie et de l'expertise, cette forme d'organisation réalise sa coordination à travers la standardisation du savoir et des qualifications. C'est le cas des grands hôpitaux, des universités, des sociétés d'ingénierie, etc. Selon Mintzberg, toutes ces structures reposent, pour fonctionner, sur la qualification et le savoir de leurs professionnels. Le contexte de contingence est celui d'un environnement complexe et cependant stable. La formulation des stratégies est marquée par l'alternance ou l'équilibre entre fragmentation et cohésion nécessaire.

Lorsque les fonctions de support logistique prédominent dans le champ de forces, on est en présence d'une configuration centrée sur l'innovation et la résolution des problèmes « ad hoc ». C'est le cas des organisations utilisant les technologies de pointe, les fabricants de prototypes, qui ont besoin d'innovations pour survivre ou se développer. Cette « Organisation innovatrice », ou « adhocratie », fait se regrouper les experts en équipes pluridisciplinaires conjointement avec les managers. Le contexte est celui d'un environnement complexe et dynamique, combinant technologies de pointe et changements fréquents de produits. La formation de la stratégie se fait souvent de bas en haut, le management étant davantage un metteur en forme qu'un initiateur réel.

Une sixième configuration apparaît lorsque le champ de forces n'est pas structuré autour des cinq types d'équilibre précédents mais autour d'une enveloppe sociale appelée idéologie ou culture. C'est le cas des entreprises qui, derrière une structure classique, utilisent en fait des éléments culturels pour mobiliser leur personnel : McDonald, IBM, Toyota, etc. La dynamique de coordination est alors fondée sur les normes et croyances qui remplacent la régulation par les procédures ou les standards. Les processus d'intégration et de sélection sont dominants dans cette organisation nommée « Organisation missionnaire » et caractérisée par la taille restreinte des unités. Celles-ci sont fortement décentralisées et socialement contrôlées par l'idéologie commune et le système de valeurs et de croyances qui particularisent l'organisation.

Toutes ces configurations ou modèles se structurent autour des deux variables signalées plus haut. Il s'agit d'abord de l'environnement extérieur, en particulier de ses possibilités de fluctuations. L'organisation va se structurer en fonction de la stabilité ou de l'incertitude de cet environnement. Il s'agit du système sociopolitique au sens large (législation, système éducatif, relations professionnelles, etc.), il s'agit aussi des clients et fournisseurs, des tendances du marché, de la vie des produits. Leurs modifications expliquent le passage d'une configuration à l'autre. Mintzberg rejette ainsi une vision étroite de l'organisation comme système clos. Sa perspective permet d'intégrer l'extérieur de l'organisation dans les jeux internes. Lancer un produit dans une entreprise alimentaire mobilise des flux transversaux de communication et de relation qui modifient les ajustements habituels entre le commercial, les acheteurs, le marketing, les producteurs, les publicistes, etc. Ces boucles d'ajustement dépassent toujours les cadres prévus à cet effet et mobilisent les acteurs. Ou bien, autre exemple, le projet de lancement d'un produit est un instant privilégié de décloisonnement où, dans un retournement souvent spectaculaire, l'effort de secret jusque-là soigneusement préservé se transforme en volonté de « promotion » du produit, tant à l'intérieur qu'à l'extérieur de l'entreprise.

Le second élément, venu d'un paradigme différent de celui du marché, concerne la cohérence interne d'un système, elle-même liée à la dynamique des acteurs. L'auteur fait de la recherche des liens de cohérence un lieu central de compréhension de son fonctionnement. Il va tenter d'éclairer les rapports entre les conceptions des différents postes de travail, l'organisation des équipes (par marché ou par fonctions), la définition de la taille des unités, etc. La cohérence est un élément essentiel de renforcement ou d'affaiblissement de la performance de l'organisation.

L'étude d'une PME illustre toute l'importance des paramètres centraux de Mintzberg. Dans cette entreprise, le travail est fondé sur un savoir professionnel ouvrier très développé ; les ateliers de production sont regroupés en petits centres affectés chacun à un marché. Les commandes passent d'abord par un contact direct avec le client, puis avec les autres centres de production. Il n'y a pratiquement pas de service central du planning ou des méthodes. Ce sont les chefs de centre qui les élaborent entre eux et avec leurs équipes. Cette PME a le culte des technologies de pointe, même si, curieusement, il n'y a pas d'ingénieurs en production. Le métier tient une place très forte et la qualité se gère par des normes très professionnelles autour du savoir-faire de chacun. Les ouvriers vont aussi chez les clients et ceux-ci viennent régulièrement dans l'atelier.

On constate donc une cohérence interne entre la façon de concevoir un travail qualifié, le rôle des chefs d'atelier, la relation directe au client. La variable explicative de ces ajustements n'est pas seulement la décentralisation. C'est bien l'ensemble du système qu'il faut comprendre. Il est organisé autour de la réponse rapide et directe au marché, de la présence du client à la production, présence qui engendre les contacts avec les autres centres. Bien entendu, les régulations passent par des jeux subtils de pression sur le planning, de rivalité entre les équipes, de conflits même sur l'élaboration des temps. Il y a bien des ajustements. Ce qui prime cependant, ce ne sont pas les rivalités de pouvoir, mais la cohérence entre des sous-ensembles acquis à la régulation directe par le marché et qui s'organisent en conséquence. Cette PME fonctionne sur un modèle à la Mintzberg, du type Organisation innovatrice ou adhocratie.

Autre exemple, celui de la spécialisation du travail. On constate que la spécialisation dans les entreprises existe sous des formes variées, allant de tâches restreintes à un travail autonome. Premier postulat : il n'est pas vrai que spécialisation soit synonyme d'absence d'autonomie. De nombreuses entreprises ont des équipes spécialisées qui possèdent une grande latitude d'organisation du travail et de communication. Ensuite, conformément à la perspective contingente, la comparaison entre le mouvement de spécialisation et son contraire, l'élargissement des tâches, montre que cet élargissement n'est pas plus une panacée que la spécialisation étroite. Le choix entre l'un et l'autre dépend d'un principe de cohérence, toujours sous-jacent aux décisions managériales. Enfin, la question du lien entre motivation et type de travail reçoit elle aussi une réponse contingente. Se référant aux travaux de plusieurs psychologues et sociologues, Mintzberg n'a pas de mal à montrer que les facteurs influents du comportement sont, selon les cas, soit l'âge, soit l'origine (urbaine ou rurale), soit les caractéristiques personnelles, soit les besoins propres, tous éléments que l'on trouve dans les biographies des salariés. Le comportement n'est référé ni à la nature humaine, ni seulement à la situation de travail, mais à une combinaison de variables extérieures ou antérieures où n'interviennent cependant pas directement l'acteur et son autonomie.

On est renvoyé à une explication extérieure au fait même de l'organisation. C'est-à-dire qu'une des limites de la théorie de la contingence est qu'elle ne permet pas d'accéder à l'idée de l'acteur stratégique, car celle-ci suppose un comportement fonction des décisions individuelles et de groupe. Le risque est alors grand d'envisager la question de l'acteur, de son autonomie et de ses jeux de pouvoir comme des freins à la construction des configurations. Les jeux des membres de l'organisation font que ceux-ci ne développent pas toujours les structures que la théorie de la contingence considérerait comme les plus appropriées. Il faudra accorder une autre place aux questions du pouvoir, du conflit, de la culture, pour comprendre le rôle qu'elles peuvent jouer dans la construction de l'organisation. On voit d'ailleurs la gêne éprouvée par Mintzberg à propos du pouvoir lorsqu'il parle d'une septième configuration appelée « Arène politique », présentée de manière négative et en même temps comme une coloration des six autres.

Autre limite. Le postulat, de type fonctionnaliste, de l'autorégulation du système est sous-jacent à l'approche de la contingence. Même si l'auteur insiste plusieurs fois sur l'idée de « Gestalt » (Mintzberg 1990, p. 41), qui implique l'émergence d'une organisation avec sa forme propre sur un fond particulier d'environnement, l'émergence de ces formes reste en elle-même un fait à expliquer. Le psychologue J. Piaget l'avait remarqué dans un domaine différent, celui de la psychologie de l'enfant. Tout en retenant l'idée de configurations structurées à chaque étape de l'évolution de l'intelligence, il critique toute apparition spontanée des « formes-Gestalt », mettant l'accent sur les processus d'assimilation et d'accommodation qui permettent de rendre compte à la fois des « schèmes » qui structurent la construction du réel à un moment donné et de la succession des étapes dans un processus ordonné. Or, chez Mintzberg, l'apparition des configurations est présentée comme une adaptation à l'environnement, concept pris de la paléontologie : les espèces animales qui ne s'adaptent pas meurent. Or ce type d'évidence est évidemment négateur de la liberté qui caractérise les organisations tout autant que les comportements humains. Ni les organisations, ni les humains ne sont comparables à des dinosaures...

Les théories de la contingence, qui sous-tendent toujours plus ou moins consciemment le raisonnement sur les entreprises, en particulier le raisonnement des managers (l'entreprise est d'abord un ensemble soumis à des contraintes, pas du tout un construit), permettent d'introduire les variables environnementales dans l'analyse des organisations. De plus, ce rappel est sans doute utile pour les sociologues français qui, à l'inverse des managers, intègrent en général insuffisamment l'environnement sous toutes ses formes. Mais ces théories de la contingence ne permettent pas de montrer comment les acteurs peuvent être à la fois ceux qui construisent le système, lui assurent une certaine permanence et lui permettent d'évoluer. L'analyse stratégique constitue un rappel salutaire.

L'ANALYSE STRATÉGIQUE

L'acteur

Nous avons vu l'intérêt, mais aussi les limites, de l'introduction de l'environnement, et ceux de la cohérence des systèmes. La théorie de la contingence montre comment une entreprise ou une organisation dépend des institutions, de sa relation au marché, des objectifs de ses dirigeants, des types de configurations organisationnelles que cela génère et de leur cohérence. Ce type d'approche, toutefois, évacue la possibilité pour les membres de l'entreprise de sortir de ces schémas, de prendre des décisions liées à ce que chacun croit percevoir de son intérêt et de celui de l'ensemble. On ne peut résumer le jeu des acteurs aux contraintes de l'environnement et de la cohérence. Si les configurations de Mintzberg sont suggestives, à les prendre à la lettre on voit bien qu'elles ne correspondent pas entièrement à la manière dont se structurent les entreprises, qu'il y en a des multitudes, que la cohérence n'est pas forcément au rendez-vous. L'entreprise n'est pas réductible à ce que la théorie de la contingence contient de déterminisme latent. Il y a des acteurs, un construit social, des jeux de pouvoir dans un système qui ne correspond pas vraiment à ce que Mintzberg croit voir.

Partons d'un exemple. Les dirigeants d'une entreprise pharmaceutique ont fait remplacer récemment les calots du personnel d'atelier par des « charlottes ». Les premiers n'étaient pas jugés suffisants pour éviter le contact entre le produit et les cheveux ; les normes récentes, valables pour l'ensemble de cette industrie, préconisaient d'imposer le port de ce nouvel article vestimentaire. Les dirigeants, après avoir informé à l'avance et mis à disposition ces charlottes, énoncent la règle nouvelle du port obligatoire de cette protection pour tout le personnel. Surprise du directeur d'usine qui, le premier jour de l'application de la nouvelle règle, passe dans l'atelier : tout le monde porte la charlotte, sauf deux personnes qui ostensiblement portent l'ancien calot. Ce sont l'agent de maîtrise (femme) de l'atelier et la déléguée CHSCT[1]. Ce n'est pas un oubli, et leur comportement est perçu comme « de la résistance », et pire encore comme une alliance entre « la syndicaliste » et « la chef » pour provoquer le personnel féminin majoritaire à ne pas adopter la nouvelle tenue. Les rapports entre l'agent de maîtrise et son chef direct et ceux entre le directeur d'usine et la déléguée CHSCT s'en trouvent affectés. L'argument présenté par l'une était d'ordre esthétique : « Vous faites tout pour nous rendre laides » ; la

1. Comité d'hygiène, de sécurité et des conditions de travail.

seconde affirmait : « C'est une atteinte à notre liberté : on a fabriqué pendant dix ans des produits sans avoir aucun problème. » Le lendemain, cependant, l'agent de maîtrise portait la charlotte ; un mois après, la déléguée acceptait de se conformer à la nouvelle règle.

Comment interpréter ces comportements et ces réactions ? « Des histoires de bonnes femmes ! » ont dit les cadres ; mais l'ensemble du personnel féminin n'a pas bougé dans l'atelier. « Un complot », ont dit certains autres ; mais l'action des deux personnes n'était pas concertée à l'avance ; leurs relations habituelles étaient même plutôt tendues. Les données de la situation sont en revanche notables : le fait se passe le lundi matin, à la reprise du travail, le cadre est absent à l'heure de la reprise, et l'arrivée du directeur inopinée.

De nombreux changements étaient en cours dans cet atelier et les actions de formation initiées par la direction s'accompagnaient d'améliorations de qualification pour les opératrices. L'enjeu de la charlotte se greffe alors sur les autres évolutions en cours dans l'atelier, qui justement se font en grande partie sans l'influence directe de la maîtrise et des délégués. Bien que leur valeur d'exemple n'ait pas le même sens, les comportements des deux leaders, l'un formel l'autre informel, peuvent mieux se comprendre s'ils sont pris comme une stratégie à un moment clé de la situation. Ils expriment une stratégie de résistance qui, fondée sur des raisons diverses, se traduit par un conflit sur un point mineur. Ce point ne fait que révéler l'existence d'autres enjeux. Le refus momentané du port de la charlotte pouvait être compris comme une forme d'avertissement aux cadres : « Prenez en compte notre point de vue sur les modifications en cours. »

L'analyse stratégique cherche à rendre compte de l'émergence de ce type de problèmes, quotidiens dans les organisations. Comment se construisent les actions collectives à partir des comportements individuels ? Et pas seulement des actions de revendication, mais tout simplement aussi la coordination dans le travail qui suppose un ensemble d'actions individuelles. Pour en rendre compte, on part de l'acteur, de ses stratégies, qui sont fonction d'une part du jeu des autres acteurs et d'autre part de ses ressources disponibles. L'analyse est stratégique en ce sens que le comportement des acteurs dépend moins des objectifs clairs et conscients qu'ils se donnent, des contraintes de l'environnement, que des atouts qui sont à leur disposition et des relations dans lesquelles ils sont insérés. La stratégie n'est ni un projet conscient et clair, ni un objectif au sens habituel du mot, mais une logique que l'on repère après coup. Ceci a plusieurs conséquences dans la façon de « lire » et de comprendre ces stratégies des acteurs.

C'est d'abord à partir des régularités des comportements observés que l'on peut chercher à lire les stratégies. Celles-ci sont donc l'objet d'hypothèses *a priori* et doivent être réinterprétées en permanence. Chaque acteur essaie aussi de reconstruire les stratégies des autres.

Un certain nombre de principes sont à l'œuvre dans l'analyse stratégique.

– D'abord, le concept de stratégie lui-même. Il comprend deux aspects : l'aspect offensif et l'aspect défensif. On agit pour améliorer sa capacité d'action et/ou pour préserver ses marges de manœuvre.

– Ensuite, les projets de l'acteur sont rarement clairs et cohérents mais le comportement n'est jamais absurde ; il a toujours un sens dans le contexte et en fonction du jeu des autres acteurs, qu'il essaie de décoder.

– Enfin, chaque comportement est actif, il se décline comme une action et la passivité est une forme de l'action.

L'idée de stratégie de l'acteur rend compte du fait qu'il se comporte en fonction du comportement possible des autres et qu'il joue avec eux en fonction des opportunités qui se présentent, des atouts dont il dispose. Une lecture, après coup, en découvre le fil directeur, les aspects rationnels. « La stratégie, c'est le fondement inféré *ex post* des régularités de comportements observés empiriquement » (Crozier et Friedberg 1977, p. 48).

Cette capacité d'action repose sur quatre postulats, énoncés comme des évidences fondatrices non démontrables. Le premier affirme que l'organisation est un construit et non une réponse. C'est même un construit contingent, c'est-à-dire qu'il aurait pu ne pas être ou être tout à fait différent. En ce sens, les acteurs ont bien conscience des contraintes auxquelles ils doivent faire face, mais ce sont eux qui vont construire sur le terrain l'organisation qui y répondra. Par exemple, la qualité est bien une contrainte qui s'impose à toutes les entreprises. La manière concrète dont cette qualité sera mise en œuvre dans chacune d'elles est pourtant construite par le jeu des acteurs.

Ensuite, l'acteur est relativement libre. Certes il y a un cadre formel, des règles édictées ; il y a même des rôles attendus, appris patiemment tout au long des processus de socialisation. Mais l'acteur n'est jamais complètement « enfermé » dans son rôle ; tout le monde est capable de donner une interprétation de son rôle en mettant à profit les ambiguïtés, incohérences et contradictions qu'il recèle. Jouer avec son rôle, se rendre au moins partiellement imprévisible, ou au contraire s'efforcer de rendre prévisible le comportement de l'autre, voilà une des clés de compréhension des interactions.

Le troisième postulat porte sur la différence toujours présente entre les objectifs de l'organisation et ceux des individus. Leurs intérêts se recouvrent, mais jamais complètement. Aussi, les uns et les autres ne se considèrent-ils jamais comme des moyens au service des buts de l'organisation.

Non pas qu'il n'y ait pas de dévouement ou de sacrifices consentis par les uns et les autres ; dans une PME au lancement difficile, nous avons vu l'ensemble du personnel accepter des réductions de salaires, des cadres et des techniciens accepter d'augmenter leur temps de travail sans contrepartie. Mais cela ne va jamais de soi et passe par de nombreux arrangements, souvent repris et négociés, ne traduisant jamais une soumission fataliste ni une adhésion spontanée.

Selon le quatrième postulat, pour parvenir à ses fins, l'acteur calcule, mais le fait dans le cadre d'une rationalité limitée. Pour J. G. March et H. A. Simon qui en ont énoncé le principe (March et Simon 1971, p. 137), cette limitation se fait en plusieurs sens. Il faudrait que l'acteur, pour être rationnel, ait « toute » l'information au départ, ce qui n'est jamais le cas. « Le choix rationnel est toujours exercé au regard d'un "schéma" simplifié, limité et approximatif de la situation réelle. » La plupart des décisions humaines, individuelles ou organisationnelles se rapportent à la découverte de choix satisfaisants, voire les moins insatisfaisants possibles. Ce n'est que dans des cas exceptionnels qu'elles se rapportent à la découverte et à la sélection de choix optimaux » (*ibid.*, p. 138). L'acteur ne cherche pas l'optimisation, mais la satisfaction. Il ne peut intégrer les conséquences de ces actions dans de nouvelles stratégies qu'au pas à pas, séquentiellement. Il est important, par exemple de distinguer les situations de routine, où les programmes d'action sont bien rodés, et celles plus incertaines où ces répertoires d'action n'existent pas ou se construisent différemment.

A titre d'exemple, dans une usine de chimie de la région lyonnaise, qui traitait de produits hautement dangereux, la sécurité était devenue une priorité suite à un accident important. De nombreux programmes d'action en cas d'alerte furent construits et, après une période assez longue, l'ensemble du personnel paraissait « rodé » aux différents exercices qui permettaient une évacuation rapide et ordonnée en cas de danger. Un nouveau directeur, voulant tester le système, fit un exercice, à blanc, mais sans avoir prévenu que c'était un exercice. Ce fut une débandade générale et non sans danger. Le calcul rationnel et bien compris d'une retraite collective ordonnée n'avait pas résisté au calcul individuel du sauve-qui-peut. La même situation simulée ou réelle ne pesait plus du même poids sur le calcul. Il aurait fallu répéter de manière cohérente et préparée, à plusieurs reprises, les comportements en cas de crise et non les imposer brusquement.

Ces quatre postulats – construit, liberté de l'acteur, choix des buts, rationalité limitée – posent une question qu'il faut bien reprendre. Comment se fait-il que les organisations « tiennent le coup » et subsistent malgré toutes les forces centrifuges auxquelles les acteurs les soumettent ? C'est en reprenant plus loin la question des régulations du système d'ensemble que cette question sera évoquée. Il reste entretemps à comprendre l'aspect dynamique des jeux d'acteurs, comment ils s'organisent et prennent naissance dans la situation d'action commune.

La démarche de l'analyse stratégique permet d'éviter le piège d'une interprétation des comportements en termes volontaristes. Les jeux, les marges de manœuvre sont plutôt à éclairer en fonction des opportunités de la situation et du jeu des autres acteurs.

L'acteur tente d'augmenter ses gains et de limiter ses pertes dans le jeu au prix du conflit, de la négociation ou de l'intégration. En ce sens, l'acteur agit par intérêt, et à l'évidence cette notion a sa place dans une sociologie de l'acteur. Ce qui ne veut pas dire qu'il s'agisse d'utilitarisme. Ce concept, central dans la théorie économique standard, est utilisé pour dire que l'acteur, l'agent plutôt dans cette perspective, ne cherche que son utilité, laquelle est définie en termes individualistes et mesurée sur le marché par un équivalent commun, le prix. Il n'y a alors plus de stratégie possible que celle de la maximisation du profit exprimée dans ces termes. L'analyse stratégique reconnaît d'autres enjeux et les situe dans une relation aux autres acteurs tout à fait différente de l'utilité.

Il est probable que dans une société de plus en plus complexe, face à des incertitudes de plus en plus nombreuses, l'acteur aura à assumer davantage les risques de l'incertitude et du conflit. Dans sa tentative de changer les choses en sa faveur, il est confronté à la fois à un système d'action déjà construit et au changement constant de ce système. Celui-ci est « le résultat des efforts des autres avant lui et en dehors de lui » (Crozier et Friedberg 1977, p. 250). La question du pouvoir de l'acteur est donc centrale dans cette analyse.

Mais on doit se demander si l'acteur joue le pouvoir pour le pouvoir, ou si la notion de pouvoir ne recouvre pas quelque chose de plus complexe. Dans le premier cas, on insiste sur la définition de l'acteur par un utilitarisme généralisé, centré sur l'utilisation du pouvoir. Dans le second cas, le jeu du pouvoir fonde autre chose que le gain utilitaire ou la seule domination, et participe de la création, de la constitution du lien social, au prix d'un sacrifice relatif payé par chacun des acteurs pour construire le groupe social.

C'est sans doute tout l'intérêt de l'observation de la genèse de l'acteur que de nous renvoyer à cette deuxième perspective. La question du pouvoir touche alors directement à la question de l'identité. On verra plus bas le rapport qu'entretient l'analyse stratégique avec celle de l'identité. Selon nous, ce concept permet de comprendre l'orientation non utilitariste du concept de pouvoir, orientation que nous faisons nôtre.

Jeux d'acteurs en situation

Les comportements des individus et des groupes sont donc relativement imprédictibles, mais leurs actions sont intelligibles. Entre les deux bornes du « hasard » et de la « nécessité », toute une logique des possibles peut être reconstituée *a posteriori* en mettant l'accent sur les caractéristiques des interdépendances dans une situation donnée. Qu'est-ce qui met en route les acteurs, à côté et au-delà de leur rôle ? La réponse est relativement simple ; c'est l'incertitude qui vient bousculer les programmes bien rodés et faire que ce qui semblait acquis devient soudain un enjeu autour duquel les capacités offensives et défensives des acteurs vont à nouveau s'exprimer.

D'où viennent ces incertitudes ? Ce sont les failles dans les règles, les « défaillances » techniques, les pressions économiques, les changements d'individus, ou les contraintes issues de l'environnement. Mais elles ont une deuxième source, celle qui vient de ce que les acteurs ont intérêt à cacher en partie leur jeu. Jouer en cachant son jeu – ce qui est un comportement évident – déclenche des possibilités nouvelles et d'autres opportunités de jeu qui restructurent les relations antérieures.

L'exemple du monopole des Tabacs étudié par M. Crozier est d'autant plus frappant qu'il se déroule dans un univers clos et protégé. Peu d'incertitudes sur le produit, sur le marché, beaucoup de règlements. La seule imprévisibilité concerne le domaine technique, en particulier les pannes. Dans les ateliers, l'ensemble des rapports entre ouvriers d'entretien, ouvrières de fabrication et chefs d'atelier fonctionne à l'inverse de ce que laisse prévoir l'organigramme officiel. Ce sont en fait les ouvriers d'entretien qui imposent leur loi ou plutôt leur logique à la fois aux chefs d'atelier et aux ouvrières. En regardant de près, on découvre que l'incertitude majeure concerne les pannes de machines. Les ouvriers d'entretien, contrôlant la réponse à cette incertitude, maîtrisent une zone de pouvoir pertinente et peuvent développer des stratégies contre les chefs et vis-à-vis des ouvrières. Celles-ci tentent de mettre des limites au jeu en faisant alliance avec les ouvriers d'entretien pour neutraliser le canal syndical, ou en jouant la solidarité ponctuelle avec les chefs. Ces derniers sont cependant les perdants du système réel, tant l'impersonnalité du système des règles de gestion limite leur action.

Dans l'univers des entreprises, habituellement plus ouvert aux pressions économiques, techniques, financières, les incertitudes sont plus nombreuses et les enjeux plus flexibles. Ceux-ci ne sont pas en eux-mêmes bons ou mauvais et l'acteur calculateur n'est pas forcément machiavélique. L'incertitude peut générer des apprentissages et des évolutions profitables à tous.

La notion de zone d'incertitude, dont on a vu l'importance, n'est pas facile à expliciter. Pour qu'elle soit pertinente, l'incertitude est à spécifier en ce qu'elle bouscule réellement le jeu des acteurs, comme un apprentissage de nouvelles règles. L'incertitude permet une redistribution des cartes. Ainsi, une unité d'un grand groupe industriel avait beaucoup de difficultés à mettre au point un nouveau produit. Grâce au savoir-faire d'une autre unité, la première fait l'apprentissage de cette mise au point. Mais, victime du succès commercial, le produit nécessite rapidement d'autres installations plus grandes. Les acteurs de la première unité, ayant maîtrisé les apprentissages, se voient confier depuis les produits à mise au point difficile.

Une autre façon d'aborder les incertitudes consiste à partir des « dysfonctions » qui permettent de comprendre non seulement un problème, mais une part importante de la vie des entreprises. Par « dysfonction » il faut entendre le faisceau des conséquences secondaires inattendues qui accompagnent toujours un plan d'action et qui freinent ou empêchent d'atteindre les buts que se sont fixés les dirigeants. Son étude est particulièrement importante dans les univers fortement réglementés où, soit par défaillance, soit par trop grande complexité, la règle n'est plus prise comme un moyen mais comme une fin en soi. C'est l'exemple bien connu de la grève du zèle des fonctionnaires. Dans nombre de bureaucraties, un excès de contrôle, destiné en principe à clarifier le travail des individus, aboutit à les démotiver. L'organisation cherche par la règle à obtenir un comportement prévisible et standardisé pour atteindre le but fixé, mais la conséquence en est un déplacement des buts. De plus, la multiplication des règles devient de fait un moyen de protection contre l'autorité et le contrôle. On a pu ainsi mettre en évidence de nombreux cercles vicieux dans les administrations. L'étude des dysfonctions ne vise pas simplement à faire rentrer dans le rang des individus aux comportements hors normes, ou à résoudre des problèmes mal posés. Elle est aussi l'occasion de repérer des logiques de comportement qui ne sont irrationnelles et dysfonctionnelles qu'en apparence. Les conduites des acteurs en situation sont considérées comme l'expression d'une stratégie rationnelle dans les limites d'un jeu à découvrir : il existe des négociations implicites qui ne se révèlent qu'occasionnellement mais qui montrent à ce moment-là toute leur épaisseur et leur poids dans le jeu social.

Donnons un exemple. La scène se passe dans une unité utilisant des éléments radioactifs avec ses règlements très précis et ses acteurs en principe bien informés sur les risques potentiels si des objets sont contaminés. L'ingénieur de sécurité, affecté à un atelier, remarque une « dysfonction » : pour éviter les effets de masse critique, la règle de sécurité impose un nettoyage parfait des locaux après tout travail de réfection réalisé par les services internes ou par des entreprises extérieures, ce qui est le cas en cette période. Or les rapports de l'ingénieur sécurité montrent un amoncellement impressionnant de déchets contaminés dans tous les coins de l'atelier : ferrailles, déchets de plâtre, plastique, tuyaux, gravats de toute sorte. Il demande aux différents chefs d'équipe de réagir mais la situation ne fait que s'aggraver au point de devenir dangereuse.

Lors d'une réunion liée à une autre action, l'ingénieur sécurité pose directement le problème aux chefs d'équipe et à l'encadrement supérieur du service. En première analyse, les chefs d'équipe conviennent qu'effectivement la règle de nettoyage après travaux n'est pas observée par les différentes entreprises extérieures. Le responsable des ateliers note qu'elles devraient y être contraintes par le service « gestion des entreprises extérieures », seul habilité à signer le bon de « fin des travaux » incluant le nettoyage. Ce service, indépendant des ateliers, doit aussi fournir les containers propres à recueillir les différents rebuts. Après enquête, ils sont en rupture de stock actuellement, suite à la multiplication des chantiers, mais « ça va s'arranger ». Les chefs d'équipe soulignent que le service « gestion des entreprises extérieures » ne demande pas à celles-ci de patienter et d'attendre la venue de containers disponibles, car elles seraient « payées à ne rien faire » ; et comme le travail est « au forfait », les entreprises extérieures ne veulent pas perdre leur temps en attente. Ainsi la situation continue-t-elle à se dégrader. Certains chefs d'équipe accepteraient de commencer à nettoyer, mais à condition de ne le faire qu'exceptionnellement. L'ingénieur s'engage alors à voir ce problème de containers et à faire faire rapidement un premier nettoyage général.

Pour la suite, il demande que chaque chef d'équipe, à sa prise de poste, signale le bon ou le mauvais état des lieux. Refus catégorique des chefs d'équipe : « C'est déjà la compétition entre les équipes, là ça va être la zizanie. » Dans l'après-midi qui suit la réunion, un des chefs d'équipe a assuré avec son équipe le nettoyage général. Il explique que les chefs d'équipe se sont directement réunis entre eux et s'engagent à tenir les locaux propres si le problème des containers est réglé, car ils ne veulent pas être les « larbins » des entreprises extérieures. En revanche, ils ne veulent pas de contrôle supplémentaire, qui serait vécu comme une dénonciation systématique entre équipes. Une grande partie de leur travail consiste déjà à arrondir les angles entre équipes qui, à la relève, n'ont que quelques instants pour faire le point ; ce qui fait que l'équipe descendante hérite parfois d'un supplément de travail ou d'un problème inattendu. « Vous comprenez, on est seuls la nuit avec les ouvriers, c'est déjà difficile d'être un chef ! Alors se transformer en garde-chiourme ce n'est pas possible. » Une règle imposée par la hiérarchie paraissait inacceptable, alors que, lorsque les raisons de l'action sont reconnues légitimes, celle-ci s'organise sans problème entre exécutants.

La compréhension des effets des zones d'incertitude sur la conduite des acteurs met en lumière leur stratégie, elle-même fonction de la situation. Celle-ci n'est pas un décor, un champ neutre ou accessoire. Elle est l'espace d'interdépendance qui lie les individus entre eux, délimitant les chances de jeu de chacun, et construisant les modes de composition de ces jeux.

Peut-on donner une explication générale, un mobile commun, à tous ces jeux d'acteurs ? Comme on l'a vu, l'analyse stratégique propose comme élément central d'explication le pouvoir. Elle en fait une interprétation stratégique, pas du tout psychologisante. L'exemple que l'on vient de donner montre que, pour éviter une dérive de ce type, le pouvoir est considéré dans ses liens avec les zones d'incertitude, les situations et l'organisation appréhendée comme système. Le pouvoir est présenté sous son caractère relationnel et interactif. C'est une capacité à orienter la conduite de l'autre, à l'influencer ou à la diriger. Ce mouvement se confond rarement avec celui prévu par l'organigramme. Ainsi défini, le pouvoir ne peut être que réciproque. Dans la relation de pouvoir de A sur B, B n'est jamais totalement démuni. L'acteur est défini par son autonomie qui, même limitée et contingente, s'exerce par rapport à un enjeu. Le pouvoir n'existe pas dans l'abstrait ; il surgit autour des zones d'incertitudes. L'enjeu bien sûr, est différent selon chaque acteur ; ce qui vaut pour l'un ne vaut pas forcément pour l'autre, mais il mobilise toujours tous les partenaires de la situation. Enfin, il est rarement équilibré. C'est plutôt un champ de forces en tension qui recherche son point d'équilibre. Analyser les relations de pouvoir, c'est reconnaître qu'il y a de l'inégalité, des dominants et des dominés dans une situation donnée, mais jamais sans que l'un soit totalement dépourvu de ressources face à l'autre. Face à la contrainte, lorsqu'elle se manifeste, les acteurs ont recours au concept de légitimité. Ainsi entendu, le pouvoir est plus une structuration de la relation qu'une imposition. On entre dans une relation de pouvoir pour obtenir de la coopération (Friedberg 1993).

Quelques positions procurent des ressources importantes permettant plus particulièrement le contrôle des sources du pouvoir. C'est d'abord l'expertise, à condition qu'elle soit pertinente pour résoudre le problème auquel on est confronté. Ce n'est donc pas de l'expertise en soi qu'il s'agit, mais de la compétence pertinente pour réparer une machine, comme on l'a vu pour les ouvriers d'entretien. Ce peut être aussi la maîtrise de l'information dans son caractère utilitaire pour l'action. L'essentiel n'est pas d'être informé, mais de l'être au moment où cela est utile. Pour l'acteur calculateur ou décideur, on comprend bien toute l'importance de cette donnée. L'exercice du pouvoir passe aussi par le contrôle ou l'expertise de l'attribution des moyens, comme dans le cas des chefs d'équipe constatant le mauvais entretien. Si on considère l'organisation comme un univers de ressources limitées, où, par exemple, la pratique de la coupe des budgets fait partie du jeu, il est clair que certaines positions peuvent être stratégiques. Gérer la pénurie relative met en position d'influence forte vis-à-vis des autres acteurs dans le besoin. Une autre source concrète du pouvoir concerne les positions dans un réseau de communication. Lorsque deux partenaires ou deux groupes doivent négocier, ceux qui sont en position intermédiaire peuvent d'autant mieux « jouer » avec ces deux partenaires. Être un relais efficace avec l'environnement externe, non seulement est utile pour l'organisation mais donne du pouvoir. Enfin, la capacité d'action sur les règles du jeu est importante. Être capable d'édicter le droit ou d'interpréter la règle dans une position ambiguë élargit le champ d'influence. Ceci concerne les règles officielles de l'organisation, mais aussi les règles officieuses, les normes, les coutumes.

Parler du pouvoir sous forme d'interaction, c'est donc aussi se référer au système, au contenant des stratégies, ce qui nécessite un travail de reconnaissance mutuelle ou de construction d'accords. La poursuite des intérêts individuels ne donne pas forcément naissance à un intérêt collectif, à un projet commun. Il existe des jeux à somme nulle bénéfiques à certains, à côté de jeux à somme non nulle, gagnants-gagnants, favorables à tous. Comment peuvent-ils coexister sans imaginer une forme de régulation des jeux qui permette aux organisations de tenir dans le temps ? C'est du côté du système d'action concret que nous pouvons comprendre le passage des interdépendances au fonctionnement collectif.

Le système d'action concret

Comprendre les articulations entre les jeux d'acteurs et le système suppose d'utiliser deux modes de raisonnement : le raisonnement stratégique et le raisonnement systémique. Le premier part de l'acteur pour découvrir le système et le second tente de retrouver l'ordre construit de façon arbitraire qui structure l'ensemble (Crozier et Friedberg 1977).

Le raisonnement stratégique s'articule en quatre points qui regroupent des éléments déjà énoncés à propos de l'acteur. Chaque acteur de l'organisation dispose de sa propre stratégie. Sa conduite peut paraître parfois irrationnelle, mais elle prend du sens si on la relie aux opportunités de gain ou de perte dans une situation. En connaissant les stratégies de chacun des acteurs et les contraintes de la situation, ses incertitudes, on peut reconstituer le jeu global qui permet de rendre toutes ces stratégies intelligibles et également rationnelles. Les acteurs, s'ils veulent gagner ou au moins minimiser leurs pertes, adoptent des stratégies intégrant les contraintes du jeu. Ils en arrivent ainsi à concourir finalement aux buts communs. Grâce au construit qu'est le système d'action concret, les acteurs parviennent à un minimum de coopération tout en maintenant leur autonomie d'agents libres.

Pour rendre compte du phénomène d'intégration des conduites dans un ensemble structuré, le raisonnement stratégique est complété par le raisonnement systémique. Cette intégration permet, face à un dysfonctionnement, de montrer en quoi la conduite de l'acteur ou le mécanisme incriminé sont en fait rationnels. Nombreux sont les exemples d'introduction de systèmes informatiques qui montrent des logiques de comportement à comprendre dans une perspective systémique. Les principales caractéristiques de ce raisonnement sont les suivantes :

Tout d'abord, le raisonnement ne se veut pas explicatif des effets par les causes, mais considère effets et causes comme interdépendants à l'intérieur du système. Dans le cas d'une dysfonction, il n'y a pas un coupable ou un vice de structure mais une rationalité cachée s'articulant sur le système, et qui peut être trouvée. Les propriétés du système d'action limitant concrètement les objectifs des acteurs, chaque système est un cas particulier, un sous-ensemble du système global. Tout changement proposé passe par la transformation de ces systèmes d'action. Pour qu'il y ait changement, il faut que l'ensemble des éléments retrouve une autre logique interactive.

Dans la démarche stratégique, on cherche le calcul fait par chaque acteur pour déterminer son intérêt dans la négociation. Dans la logique systémique, on cherche quel ensemble de cohérences et de finalités hiérarchisées tendent à s'imposer à lui à travers le résultat des jeux auxquels il doit jouer. Le système d'action concret peut être défini par l'existence d'un minimum de structuration et en même temps de mécanismes de régulation qui lui permette de maintenir cette structuration. Pour les systèmes humains, il y a maintien d'une certaine permanence et transformation par choix stratégiques. Ces régulations ne sont ni un ajustement automatique, ni une manière de contrainte. C'est par les jeux eux-mêmes que s'opère cette articulation. Les calculs rationnels et stratégiques des acteurs se trouvent intégrés dans un modèle structuré de jeux.

« On peut définir le système d'action concret comme un ensemble humain structuré qui coordonne les actions de ses participants par des mécanismes de jeux relativement stables et qui maintient sa structure par des mécanismes de régulation qui constituent d'autres jeux » (Crozier et Friedberg 1977, p. 246). L'allure un peu théorique de cette définition ne doit pas masquer ses conséquences très pratiques pour l'action. La première concerne la résolution des problèmes quotidiens. Elle oblige à poser la question : « Comment les acteurs sont-ils concernés, comment confrontent-ils puis coordonnent-ils leurs points de vue sur le problème ? »

Il y a quelques années, dans une PME de 300 personnes, en voie d'informatisation, le management organisait un séminaire de direction pour tenter d'améliorer le climat des communications fortement conflictuel. Un problème semblait structurer le conflit, que le responsable informatique, relativement nouveau, précisait ainsi : « Je participe à l'informatisation de la gestion des stocks qui est un véritable enjeu. Depuis quelque temps, je suis en froid avec les responsables de la production. Ils veulent garder un niveau de stock particulier sur certaines pièces de rechange qui sont parfois difficiles à trouver, c'est vrai. Mais en fait, ils ne veulent pas vraiment s'organiser et les chefs d'atelier n'appliquent pas les procédures nouvelles pour les pièces concernées. Ils gardent l'ancien système de relance. »

Le directeur de production indiquait de son côté : « Depuis quelque temps, les gens de l'informatique nous font des difficultés sur les pièces de rechange. Mes chefs d'atelier sont formels. Le stock prévu n'est pas suffisant et une partie de la production risque de s'arrêter. »

Le directeur commercial faisait remarquer : « Mes commerciaux marchent bien, le produit est en avance sur ceux de la concurrence. Notre crainte concerne les délais de livraison. Heureusement, les vendeurs connaissent bien les chefs d'atelier et ils s'entendent ensemble sur les priorités. »

Quelques ouvriers de l'atelier, interrogés sur le problème, rapportaient : « Depuis quelque temps, c'est la panique chez les chefs ; depuis qu'il y a l'informatique, ils courent toujours après quelques pièces manquantes. Heureusement, dans chaque équipe, on est des professionnels et on a pu se constituer en douce un stock de pièces pour que la production ne s'arrête pas. »

Dans ce cas réel, l'équipe des cadres prit conscience des enchaînements en cascade induits par le jeu direct sur les priorités et les délais entre vendeurs et chefs d'atelier. Le comportement des ouvriers professionnels constituant un stock clandestin était d'une logique parfaite du point de vue de leur propre organisation autonome, avec un résultat plus performant que la gestion informatisée des stocks.

Au-delà de cette anecdote, la mise en évidence des systèmes d'action concrets implique une série de conséquences sur la façon de résoudre les difficultés. Il ne s'agit pas de méconnaître l'organisation formelle mais bien de repérer les logiques de chacun et les règles du jeu que se donnent les acteurs pour résoudre les problèmes habituels de l'action. On est en présence d'une coordination des actions de chacun dans le cadre des mécanismes de jeux. Ainsi, les chefs d'atelier et les vendeurs, les ouvriers professionnels et les magasiniers avaient trouvé des moyens d'ajustement bien avant l'arrivée de l'informatique. Leur jeu de pouvoir n'était donc pas machiavélique, même s'il échappait à la visée rationalisatrice qui tentait de s'imposer à eux de l'extérieur. Chacun essayait de faire au mieux, tant pour ses propres objectifs que pour le maintien de l'entreprise et son développement.

A côté de son aspect pratique de résolution de problèmes au quotidien, le système d'action concret concerne le maintien de la structure par des mécanismes de régulation « qui constituent d'autres jeux ». Cet aspect est d'autant plus important que les jeux de pouvoir induisent des confrontations, des conflits et qu'il faut pourtant s'accorder sur le fait d'agir ensemble. La production des règles que se fixe un groupe pour atteindre certains objectifs prend une valeur en soi. Ces règles sont en quelque sorte intériorisées à l'occasion des jeux successifs et de la régularité de leur présence. Dans le cas précédent, les commerciaux et les chefs d'atelier arrivaient à s'entendre sur les priorités des clients malgré des logiques professionnelles différentes. Leur alliance objective n'était pas écrite, mais, dans l'informel, ils savaient résoudre le problème toujours épineux du planning. Ces règles du jeu d'un fonctionnement durable s'étaient construites peu à peu à l'occasion des problèmes quotidiens du développement. C'est ce construit, à la fois stable mais jamais achevé, qui permet aux acteurs d'établir dans les situations difficiles les transactions nécessaires au maintien et à la poursuite de l'action.

L'analyse stratégique met donc l'accent sur la régularité avec laquelle les différents groupes d'acteurs structurent leur mode de relation : situations de conflits répétitifs, de négociations systématiques, d'ententes durables ou d'accords provisoires. Cette expression des positions relationnelles est importante à saisir dans sa durée autour des enjeux qui ont mobilisé successivement les acteurs, avec leur charge émotionnelle et leur coloration affective. On pourra passer ainsi des sentiments aux stratégies en saisissant les lignes de force des relations affectives qui recouvrent et traduisent les relations stratégiques. La mise en évidence des alliances et des oppositions permet de comprendre les caractéristiques du système et des jeux qui assurent une relative stabilité aux différents systèmes d'action. Dans un développement récent, E. Friedberg élargit la définition de « système d'action concret », lui préférant la notion de « système d'action organisée ». En ce sens, ce n'est plus seulement l'« organisation » qui est en cause, c'est plus généralement l'« action organisée », dont l'organisation n'est qu'une des modalités. Le sociologue s'intéresse aux « processus par lesquels sont stabilisées et structurées les interactions entre un ensemble d'acteurs placés dans un contexte d'interdépendance stratégique » (Friedberg 1993, p. 15).

Pour assurer cette stabilisation et cette structuration, plusieurs réponses sont possibles, ayant des degrés de formalisation différents, depuis l'organisation bureaucratique jusqu'aux réseaux de relations les plus souples. Il n'y a pas de différence de nature entre l'organisation formelle et les formes plus diffuses d'action collective. Il y a seulement une différence de degré.

Cette manière de replacer l'organisation à l'intérieur d'un cadre plus vaste a le mérite d'être une réponse à certaines critiques formulées à l'encontre des auteurs de *L'Acteur et le Système*, en particulier au sujet de leur enfermement à l'intérieur des frontières de l'organisation, dont on sait qu'elles sont de plus en plus poreuses. Ces notions d'« action organisée » (sous ses différentes formes) et de « système d'action organisée » sont d'autant plus utiles aujourd'hui que l'évolution récente des entreprises a vu un éclatement de certaines de leurs structures classiques et une multiplication des acteurs qui peuvent à la fois être considérés comme au-dedans et au-dehors (travailleurs temporaires, sous-traitants, etc.).

D'autre part, elle a également l'intérêt de rendre inopérante l'opposition devenue classique chez les économistes (notamment depuis Williamson) entre organisation et marché. On peut voir ces deux concepts comme des degrés de formalisation et de structuration différents. Même dans les cas extrêmes (aux deux bouts du continuum), aucune forme n'est totalement homogène : l'organisation la plus formalisée n'empêche pas les jeux d'acteurs ni l'émergence d'actions partiellement imprévisibles ; le marché le plus libre ne peut fonctionner qu'avec un minimum de structuration : acteurs représentant des « intérêts » économiques, relations de confiance devant se développer entre eux, institutions, juridiques ou non, créant des règles du jeu… L'analyse actuelle des marchés faite par les économistes va dans le sens d'une ouverture à l'étude des différentes formes de structuration de l'action (économique) organisée.

Ce que ne dit pas, ou pas suffisamment, l'analyse stratégique est la manière dont se construisent les règles. Tout un courant sociologique s'intéresse, au-delà de l'analyse des organisations, à la production des règles dans ces organisations.

LA RÉGULATION

Comme on l'a vu, l'analyse stratégique ne peut éviter de poser la question des mécanismes de construction des relations. Il existe des acteurs autonomes, des incertitudes, des jeux de pouvoir, etc., tous éléments qui introduisent à une sorte de déréglementation permanente des relations dans l'organisation et qui amènent à se demander comment les acteurs, dans une organisation, peuvent être capables d'agir d'une manière qui se reproduit. La théorie sociologique de la régulation (Reynaud 1989) répond à la question de la construction des règles, celles par lesquelles un groupe social se structure et devient capable d'actions collectives. La méthode suppose comme point de départ l'analyse des situations concrètes de travail. Ultimement, elle tente de rendre compte de l'articulation entre contrainte et liberté.

Oui, écrit Jean-Daniel Reynaud, les acteurs construisent librement le système de règles leur permettant d'agir collectivement. Non, ces acteurs ne partent pas de rien. Ils s'appuient sur le système des règles antérieures, lui-même né des contraintes extérieures, dont ils ne peuvent pas ne pas tenir compte dans la négociation et les compromis. A travers l'usage des postulats croziériens du construit et de la liberté de l'acteur, J.-D. Reynaud met l'accent sur la construction, en récusant le recours aux valeurs, sauf à dire que ces valeurs sont des construits et donc qu'elles peuvent se déconstruire.

On trouve l'expression la plus claire de la manière de traiter les équilibres entre novation et continuité et entre construction et valeurs dans la critique que fait J.-D. Reynaud de l'ouvrage bien connu de Maurice, Sellier et Silvestre (1982) sur la comparaison France-Allemagne. La thèse des auteurs, selon J.-D. Reynaud, est celle de la continuité de la qualification professionnelle en Allemagne. Cette continuité repose sur l'acceptation de l'apprentissage, sur sa place centrale dans le système d'éducation, donc sur une acceptation commune d'un espace professionnel, et donc finalement sur sa continuité. Celle-ci existerait, selon ces auteurs relus par J.-D. Reynaud, à travers une communauté de valeurs existant entre contremaîtres et salariés, communauté qui tiendrait de la culture commune et des valeurs professionnelles partagées. Mais d'où vient cette culture commune ? Selon la théorie sociologique de la régulation, elle vient de la régulation conjointe, du compromis négocié. « On a inventé une morale, efficace pour la production, acceptable pour les deux parties […] L'essentiel est donc la création de cette zone de consensus dans la production » (Reynaud 1989, p. 374). C'est donc une culture que les acteurs créent et recréent en permanence. Il ne s'agit pas d'un système de valeurs au sens général (comme on le verra plus bas avec P. d'Iribarne) et de la compatibilité de ces valeurs. On serait alors dans un système social réglé par des contraintes venues de l'extérieur qui viendraient d'on ne sait où (de la « mentalité allemande » par exemple). Or, les contraintes ne sont pas données, elles sont le résultat des effets de la consultation et de la négociation.

Cette construction se fait à partir de deux grandes sources de règles. La régulation de contrôle est constituée de l'ensemble des règles émises par les directions et le management. La régulation autonome vient des membres du groupe qui jouent avec les régulations de contrôle pour recréer un ensemble conforme à leurs objectifs et leurs stratégies. Finalement, on aboutit à une articulation entre ces deux sources de régulation, articulation qualifiée de régulation conjointe et qui constitue un équilibre.

Tout système de relations consiste en la construction d'un ensemble de règles, laquelle se déroule sur une succession de compromis. Par exemple, l'élaboration des classifications, ou celle du règlement d'ancienneté, est le résultat de négociations aboutissant à des règles qui doivent permettre de gérer les relations entre les acteurs sociaux. Bien entendu, cette construction emprunte des éléments au système extérieur, à l'environnement. Par exemple, le règlement d'ancienneté est accepté parce que, dans la société française ou bien dans certains métiers, l'ancienneté a une place considérable. Il n'est pas sûr qu'aujourd'hui, dans un secteur où les connaissances sont rapidement obsolètes comme l'informatique par exemple, le règlement d'ancienneté serait négociable. La négociation emprunte des éléments à l'extérieur mais ces éléments ne s'imposent pas d'eux-mêmes, ils sont utilisés pour la construction des règles par les acteurs eux-mêmes.

La théorie sociologique de la régulation est essentielle pour comprendre comment, concrètement, dans l'activité de travail, se construisent les règles, comment un groupe social se structure et devient capable d'action collective. Elle a été particulièrement bien illustrée par de Terssac (1992) qui a appliqué cette grille de la régulation conjointe aux systèmes techniques de pointe dans des industries de process, montrant que, même là où les procédures sont en apparence les plus strictes, les acteurs recréent un ensemble de règles autonomes.

Pour autant, se plaçant globalement dans la perpective de l'analyse stratégique, elle a les mêmes points obscurs que celle-ci. Elle a du mal à rendre compte de la permanence des règles et de leur continuité, d'une part. D'autre part, elle ne rend pas suffisamment compte de ce que les règles ont aussi comme objectif de créer ou de renforcer l'identité des acteurs. Pourquoi les acteurs créent-ils des règles ? Pour des raisons stratégiques, sûrement, pour satisfaire leurs enjeux de pouvoir, sans doute ? Mais on voit bien que l'analyse stratégique et celle de la régulation butent lorsqu'elles ne donnent une réponse qu'en termes de stratégies et de jeux. D'une certaine manière, introduire le concept d'identité, c'est permettre d'aller plus loin en montrant que les finalités de ces stratégies ne sont pas qu'instrumentales – gagner plus de pouvoir, d'avantages matériels, etc. –, mais peuvent avoir comme finalité pour un groupe de se définir lui-même.

IDENTITÉ ET CULTURE

Réunir ces deux concepts dans un même paragraphe peut sembler arbitraire, voire contradictoire. L'identité renvoie à la création de soi à travers l'expérience de la socialisation. La culture est une manière d'approcher la raison de la permanence des règles. Nous les avons regroupées parce qu'il nous semble que, dans ce chapitre qui se veut une introduction aux nouvelles approches, après avoir présenté la théorie de la contingence, celle de l'analyse stratégique et celle de la régulation, identité et culture permettent de manière différente de répondre aux manques de ces premières théories, en particulier de celle de l'acteur et de ses stratégies. Il y a un élément de construction de soi dans les stratégies, il existe également une manière de définir les règles et leur construction à travers les cultures que l'on reçoit et que l'on construit.

On vient de voir comment des acteurs individuels, relativement libres et autonomes, en arrivent à assurer une certaine stabilité des jeux dans la durée. On peut insister sur l'intériorisation de ces règles, ce qui se produit pour des groupes et des communautés qui partagent régulièrement les mêmes positions de pouvoir et les mêmes enjeux dans le travail. La régulation conjointe permet aussi d'expliquer le passage de l'acteur individuel à la position d'acteur collectif par la nature des ajustements mutuels, expérimentés dans la durée, et qui façonnent des mentalités communes. Les acteurs d'un même groupe en arrivent à se représenter de la même façon les enjeux, à accorder du poids et de la valeur à certaines priorités, à partager les mêmes modes de relation avec les autres, les mêmes normes. L'expérience vécue dans la communauté professionnelle de travail cimente de véritables modèles de relation qui constituent un prérequis commun pour jouer les stratégies offensives et défensives du groupe.

L'identité au travail

Une manière d'aborder concrètement la construction des règles est de mettre l'accent sur les dimensions affectives, sur les positions idéologiques des acteurs et sur les modes particuliers de calcul des possibilités de gain et de perte (Sainsaulieu 1977, p. 183 *sq.*). L'acteur est défini à la fois sous son aspect stratégique et sous celui de la stabilité de ses relations de travail. Comme on l'a vu, l'expérience quotidienne du pouvoir apparaît alors comme un point central de l'expérience de socialisation. Sainsaulieu repère alors quelques situations particulières, quelques modèles d'identité au travail.

Ils se fondent sur trois éléments. Le premier est celui de l'expérience quotidienne du pouvoir. Certaines situations permettent plus ou moins fréquemment, avec plus ou moins d'intensité, de saisir des opportunités d'autonomie offensive ou défensive. L'inégalité des rapports vécus face au savoir professionnel, au contrôle des informations, à l'influence des réseaux de communication, entraîne de fait une intériorisation particulière des conduites.

Mais la vie en organisation propose aussi des expériences comme la formation, la mobilité professionnelle, qui mettent en route d'autres rapports au savoir, l'expérience du militantisme et de la lutte collective qui facilitent d'autres apprentissages du pouvoir. Enfin, les grands changements techniques vécus dans l'organisation permettent eux aussi de véritables apprentissages par essais, erreurs, expérimentations.

L'expérience régulière et répétitive des inégalités de pouvoir vécues sous ces formes dans les rapports quotidiens de travail a deux conséquences. D'une part, ces situations d'apprentissage créent de nouveaux acteurs sociaux ; d'autre part, ces attitudes collectives sont perceptibles sous la forme de véritables modèles de relations qui distinguent les groupes sociaux. Ces modèles, rappelons-le, prennent leur ancrage dans l'expérience vécue autour des jeux stratégiques ; ils se fondent sur les caractéristiques des situations porteuses d'opportunités inégales dans l'accès au pouvoir.

On trouve le premier modèle dans les contextes de tâches répétitives et de travaux peu qualifiés, où les acteurs ne peuvent mettre en œuvre que de faibles ressources stratégiques. C'est le modèle de la *fusion* par référence aux comportements où l'on joue le groupe comme une unité dans laquelle on se fonde, car il n'y a guère d'autres ressources que le collectif. Celui-ci est valorisé comme un refuge, avec des relations affectives fortes mais peu de place pour le débat d'idées. Le rapport au leader ou au chef est indispensable pour orienter l'action du groupe. Dans une position d'acteur collectif, c'est l'action de masse qui prédomine avec son caractère sporadique, spontané et peu négociateur.

En revanche, lorsque les situations de travail permettent un accès aux positions stratégiques, du type de celles des ouvriers qualifiés, on est devant un modèle marqué par la *négociation* et l'acceptation des différences. Les relations interpersonnelles sont riches et caractérisées par l'acceptation du débat entre majorités et minorités. L'autorité imposée est refusée, mais les leaders qui facilitent les relations dans le groupe sont reconnus. Le métier sous toutes ses formes est au sommet de l'échelle des valeurs. Comme acteurs collectifs, ces groupes utilisent la négociation avec une capacité importante à entrer dans le conflit et à le vivre.

Un troisième modèle, celui des *affinités*, apparaît dans les situations de mobilité professionnelle, de promotion, où l'évolution individuelle a fait vivre la perte d'appartenance au groupe de travail. C'est le cas de certains techniciens, des ingénieurs et des cadres. Ce sont les affinités sélectives qui marquent la vie relationnelle avec des rapports interpersonnels peu nombreux mais très forts. Le rapport au chef prend une place considérable et le groupe comme tel est perçu comme dangereux. Les valeurs de promotion par le travail et de réussite personnelle se concrétisent en stratégies autour de la carrière. Dans une position d'acteur social, c'est surtout « un acteur de soi » qui joue l'intégration sociale et la conquête professionnelle.

Un dernier modèle, celui du *retrait*, se retrouve dans les situations où l'expérience du pouvoir est tellement sporadique qu'elle ne permet qu'un faible investissement dans les relations personnelles au travail. Il y a peu d'amis, peu d'intégration dans un groupe, le rapport au chef formel est fort et empreint de dépendance. Le travail n'est pas une valeur mais une nécessité économique. Sur le plan de l'action collective, l'acteur est « un acteur ailleurs » vivant difficilement le passage dans d'autres formes d'intégration et de sociabilité.

Ces modèles sont des catégories idéales typiques. Elles n'indiquent qu'une probabilité de comportements. La variable pertinente est celle de l'accès au pouvoir et des ressources de pouvoir dont disposent les individus. Elle fonde leurs projets possibles. Mais en insistant sur les effets culturels de la vie en organisation, pour comprendre en particulier le passage à la position d'acteur, cette démarche ouvre très largement le débat sur la culture, la place et le rôle qu'elle peut avoir dans une analyse de l'organisation fondée sur les interactions.

Approcher l'identité à propos du pouvoir permet de réfuter l'accusation d'utilitarisme dans la lutte pour le pouvoir et donc de mieux comprendre les raisons des stratégies. Bon nombre de comportements ne sont pas directement tournés vers une stratégie de pouvoir utilisant les opportunités de situation qui sont offertes. « C'est même quasiment l'inverse qui semble correspondre au réel et ces comportements ont des aspects de gratuité par rapport au pouvoir et plus généralement à l'organisation » (Bernoux 1985, p. 163).

Comment alors articuler pouvoir et identité ? Bien sûr, cette articulation se fonde sur la capacité stratégique du groupe pour s'affirmer dans le jeu : le conflit social, la création d'un espace autonome, l'aménagement informel d'une bonne organisation reposent sur la maîtrise de quelques incertitudes dans la situation, et ceci relève du pouvoir. Mais ces comportements s'inscrivent aussi dans une démarche de lutte pour la reconnaissance de son identité qui se manifeste dans l'action. En ce sens, la lutte symbolique prend le pas sur la lutte stratégique. Le groupe agit pour se prouver à lui-même qu'il existe, pour se faire reconnaître par les autres et pas seulement pour conquérir du pouvoir vis-à-vis des autres. Même si « l'organisation est le royaume des relations de pouvoir, de l'influence, du marchandage, du calcul » (Crozier et Friedberg 1977, p. 38), l'action sert aussi et autant aux groupes à se structurer à travers la conquête de l'influence sur les autres. Le fait même d'entrer dans le jeu de la négociation, d'être reconnu comme partenaire, est aussi important que le contenu des négociations elles-mêmes. On l'observe souvent à propos des conflits sociaux. Vouloir être reconnu est une des causes les plus importantes des conflits. Le groupe crée son identité à travers et à l'occasion de la défense de ses intérêts.

Le concept d'identité, qui n'est pas vraiment central pour des auteurs comme M. Crozier et E. Friedberg, s'intègre cependant dans l'analyse stratégique comme un élément du système. Comment définir cette identité ? Celle-ci exprime avant tout « cette quête de force que l'on trouve dans les ressources sociales du pouvoir pour arriver à se faire reconnaître comme détenteur d'un désir propre » (Sainsaulieu 1977, p. 333). L'enjeu de la stratégie de pouvoir est la volonté de reconnaissance personnelle. C'est dans le rapport aux autres que l'identité individuelle et/ou collective de l'acteur social se construit. On peut dire que l'acteur est donc à la fois donné et à construire dans le jeu des avatars successifs de la vie quotidienne des relations en organisation. Le terme d'identité dans sa dimension collective fait une place importante aux jeux d'alliance et d'opposition, aux représentations, aux valeurs qui fondent et régulent l'action collective.

Ce passage de la question du pouvoir comme utilité à celle du pouvoir comme identité a une incidence pratique. Peut-on créer de l'acteur à travers des projets de transformation sociale qui donneraient des ressources nouvelles et davantage d'opportunités de jeu ? L'exemple des groupes d'expression, issus des lois Auroux, est en ce sens éclairant. On a pu observer (Bernoux *et al.* 1985), dans le cadre de l'application de cette loi et là où la greffe s'est produite, toute une série de positionnements d'acteurs sur les différents aspects concrets de la vie au travail. De nombreux groupes ont fait avancer des problèmes de conditions de travail, de sécurité, de promotion et aussi d'organisation. Les réalisations, sous forme de résolutions de problèmes, ont été nombreuses et ont entraîné toute une série d'apprentissages liés à cette position d'acteur nouveau. Il a fallu gérer de nouvelles façons de travailler en commun, d'accepter les différences de point de vue, de rechercher par essais et erreurs des ajustements avec les logiques des autres services : celles des budgets, celles des règlements de sécurité, celles de la technique.

Mais le passage à une généralisation institutionnelle de l'expression ne pouvait s'envisager que fondée sur une représentation forte et partagée par les autres acteurs de l'utilité de cette expression. Les groupes d'expression n'ont pu, de fait, générer un mouvement social profond vers le projet de démocratie en entreprise impliqué par la loi. Cet exemple met en lumière l'importance de la prise en compte de ces aspects identitaires dans les projets de transformation sociale.

La culture

L'observation montre, en face de ce mouvement permanent de construction-déconstruction bien mis en lumière par l'analyse stratégique, une certaine stabilité des construits et des capacités d'action collective. Le concept de culture a l'ambition de rendre compte de cette stabilité, de ses sources et de sa permanence. Mais il comporte beaucoup d'ambiguïtés et son usage introduit de nombreuses confusions. Tout le monde croit savoir ce qu'est la culture et comment une culture se constitue. Mais le terme est utilisé dans des sens si profondément différents qu'il permet toutes les interprétations et qu'il donne lieu de manière redondante à de violentes polémiques. Managers, sociologues et consultants en font un large usage, pas toujours identique, ce qui contribue à en assombrir encore la signification, et demande donc d'en clarifier le sens.

Par culture, on peut entendre à la fois un cadre de pensée (définition utilisée par les anthropologues), un système de valeurs, un système de règles.

A un extrême d'une échelle qui irait du plus au moins englobant, on appellera culturalisme (Boudon et Bourricaud 1983) le système de valeurs d'une société constituant un ensemble original et cohérent caractérisé par certaines valeurs dominantes formant un ensemble. Ces valeurs influencent la personnalité des individus, donnent un style de vie et un modèle de comportement à l'intérieur d'un pays. On parlera, par exemple du « Français moyen », de l'« Américain moyen », etc. C'est une définition de la culture au sens du culturalisme, cadre de pensée et représentation d'une société, en usage auprès des anthropologues.

A l'autre extrême de la pensée sur la culture, sous son aspect « micro », on assimilera la culture au système de règles régissant les relations dans des groupes, dont les entreprises. Culture serait pris alors au sens que M. Crozier et E. Friedberg (1977) donnent au « système d'action concret », ensemble de régulations des relations. Par exemple, la manière dont différents services dans une entreprise font appel au service qualité et l'importance qu'ils lui accordent concrètement, ou bien l'application différente des normes de sécurité, font partie de la culture de l'entreprise. Michel Liu (1981) a inventé le concept de « microculture d'atelier » pour rendre compte de ces différences à l'intérieur d'une même entreprise. Dans cet ouvrage, c'est plutôt cette approche que nous retiendrons.

La plupart des définitions de la culture véhiculées dans le monde des entreprises présentent celle-ci comme un ensemble de modes d'action et de pensée, inventé par un groupe pour faire face à ses problèmes et qui a assez bien marché pour être validé, partagé et enseigné. L'auteur américain E. Schein précise cette définition en ajoutant l'idée, un peu fonctionnelle dans une définition qui l'est déjà beaucoup, que la culture « sert au groupe à résoudre ses problèmes d'adaptation à l'environnement et d'intégration interne » et qu'« elle est enseignée aux nouveaux membres comme la manière correcte de penser et d'agir face à ses problèmes » (Schein 1985).

Cette définition présente la culture comme un construit, dans une situation de travail et donc d'action particulière. Elle en montre l'aspect pragmatique de résolution de problèmes concrets et donc le fait qu'elle est chaque fois unique, elle insiste sur son apprentissage et sur sa transmission. En ce sens, elle élimine l'aspect « culturaliste », d'une culture donnée une fois pour toutes.

Elle contient cependant des ambiguïtés, dont la première est celle du concept d'adaptation que nous avons déjà rencontré. S'il y a adaptation, il y a nécessité, alors que toute l'expérience montre la diversité des cultures. On peut y lire une certaine normativité universelle qui fait fi de ce qui caractérise les cultures, à savoir la singularité des systèmes de normes qu'elles constituent. Il y a des entreprises où existe une culture de la communication, d'autres où chaque service est constitué en forteresse. Qu'est-ce que l'adaptation ? Pour que la définition de Schein soit acceptable, il faut insister sur le terme « inventé » et mentionner que l'adaptation est toujours particulière, car les solutions sont pour chaque groupe toujours différentes. Et personne ne peut dire qui, quel acteur, a le plus poussé à ce type d'« invention ».

Cette définition comporte aussi des dangers du point de vue qui nous intéresse. Elle n'est à employer qu'avec un certain nombre de précautions, c'est-à-dire à condition :

– d'être lue en rendant bien sa place à l'autonomie du phénomène organisationnel ;

– de faire apparaître le phénomène organisationnel, qui est un construit politique et culturel, comme l'instrument que les acteurs sociaux se sont forgé pour « régler » leurs interactions de façon à obtenir le minimum de coopération nécessaire à la poursuite des objectifs collectifs ; mais en même temps, ils maintiennent leur autonomie d'agents relativement libres ;

– de mettre davantage l'accent sur le fait que ces solutions ne sont pas des réponses mécaniques à des contraintes, même si elles sont conditionnées par elles ; elles sont aussi l'expression des capacités relationnelles des individus ; on est en face d'un élément fondant l'autonomie des membres de l'organisation ;

– la culture doit être définie comme une capacité. Ce qui fonde la relation, ce n'est pas un modèle culturel imposé de l'extérieur, c'est une stratégie dans une action et donc des capacités d'action.

En utilisant le concept de culture avec ces précautions, il devient un complément utile de l'analyse stratégique. Comme on l'a dit plus haut, un des points aveugles de l'analyse stratégique est l'universalisme de la notion de stratégie et d'enjeux. La culture les replace clairement dans une permanence et une continuité, présente dans toutes les organisations. On va le voir à travers l'étude des cultures nationales et de métier, dont l'analyse stratégique rend difficilement compte.

Les cultures nationales

L'examen des entreprises comparables de pays différents, voire du même pays, montre que des solutions apportées à des problèmes identiques ne sont jamais les mêmes. La genèse de la culture ou des cultures se comprend à travers les analyses comparatives entre cultures nationales, d'une part, cultures de métier, de l'autre.

Quelles sont les racines de la construction sociale nationale que l'on peut appeler culture et dans laquelle s'insère l'entreprise ? L'ouvrage de Maurice, Sellier et Silvestre (1982) dont on a déjà parlé (cf. *supra*) a eu un grand retentissement parce que, à partir de la comparaison systématique menée terme à terme entre la France et l'Allemagne, il a renversé la thèse d'un modèle unique ou de modèles similaires de développement dans les pays industrialisés. Partant d'entreprises comparables en tout point, les auteurs sont remontés à un triple sous-système nommé « rapport » qui compose le modèle national :

– le rapport éducatif, c'est-à-dire la formation des travailleurs, les hiérarchies et les qualifications, la mobilité ;

– le rapport organisationnel, c'est-à-dire les structures d'emploi, les rapports dans le travail, la hiérarchie et l'encadrement ;

– le rapport industriel, c'est-à-dire la formation des rémunérations, le syndicalisme, les modes de conflits et de négociations.

Les cohérences sociétales particulières des deux pays naissent de la conjugaison de ce triple rapport et permettent de comprendre les différences constatées dans les entreprises.

Cette présentation épuise-t-elle les sources des cultures nationales ? Peut-il y avoir une sociologie culturelle de l'entreprise, indépendante de ces régulations organisationnelles et institutionnelles ? Philippe d'Iribarne (1989) a tenté de bâtir une autre approche des cultures nationales en comparant des établissements semblables de la même entreprise dans trois pays : France, États-Unis, Pays-Bas. Il a cherché à attribuer les singularités observées à l'histoire, à une philosophie particulière de la vie en société, aux règles relationnelles que l'on ne semble pas pouvoir attribuer directement à des utilités ou à des institutions. En référence à des auteurs anciens (par exemple Montesquieu, *L'Esprit des lois*), il a cru les trouver.

En France, la primauté est attribuée à la logique de l'honneur ; il faut avant tout tenir son rang. Les États-Unis sont hantés par l'image du contrat. Les relations aux Pays-Bas sont modelées par la conciliation et la recherche de consensualité. Parti de l'analyse de la gestion, l'auteur dit s'être attaché à saisir le sens que les acteurs donnent à leurs conduites.

On voit la différence avec les auteurs de la comparaison France-Allemagne. Ils avaient explicitement récusé le concept de culture, au titre de son flou, de son recours à des valeurs dont l'usage cache mal les raisons de l'émergence, même si J.-D. Reynaud leur fait grief finalement de l'avoir fait quand même. Selon eux, les valeurs sont les produits des rapports sociaux spécifiques d'une société, rapports éducatifs, organisationnels, industriels. Ce sont eux qui fondent une idéologie, non l'inverse. *A contrario*, P. d'Iribarne tente de démontrer l'intérêt du recours à la notion de culture nationale. Par exemple, le rôle du « rang » et l'imprégnation de l'image des trois ordres (clergé, noblesse, tiers état) dans la société française expliqueraient la place de la double hiérarchie dans l'entreprise, celle des cloisonnements entre services, la manière dont se déroulent les négociations, les particularités du système des relations industrielles. Une partie de la cohérence des institutions proviendrait précisément des principes ancrés dans l'histoire qui a présidé à leur conception. La culture permettrait de comprendre la formation de l'identité des acteurs et des particularités nationales des rapports sociaux.

Naturellement, les auteurs de l'« effet sociétal » ont réagi. Ils récusent l'argumentation de P. d'Iribarne, la qualifiant d'essentialisme et de contingence. Essentialisme, qui courrait à la recherche d'un principe unificateur, un social global qui se trouverait dans l'histoire. Contingence, qui serait l'adaptation de ce principe fondateur aux formes sociales concrètes. L'homologie entre le lien social trouvé dans les entreprises par d'Iribarne et la société globale est une catégorie de l'analyse trop lâche pour pouvoir prétendre à un statut véritablement explicatif. Le sociétal, pour les trois auteurs, est à construire sur les bases de l'entreprise, de la division et de l'organisation du travail, de la qualification, de la mobilité, de la valorisation des personnes et des formes de conflit. Finalement, l'approche culturelle éloignerait d'une analyse en termes d'interdépendance concrète des hommes dans les sociétés dans lesquelles ils vivent au profit d'un recours vague au passé et à une insaisissable globalité.

Les cultures de travail

L'activité de travail est une autre source d'élaboration des cultures. Les cultures de métier se constituent dans les communautés professionnelles, à partir des expériences cumulées de capacités stratégiques venant de :

– la culture sociale antérieure (ruraux ou citadins, origine ethnique) qui trouve ses propres modes d'expression sur les lieux de travail ;

– les caractéristiques du travail à travers ses symboles (l'eau, le feu, la mécanique) ;

– l'organisation technique de la production (chaîne ou process) ;

– la situation stratégique dans les relations de pouvoir ;

– le système des relations de travail (système de salaire, de promotion, de formation, syndicalisme).

Cet ensemble de variables permet de reconstituer ce qui pour un groupe social exerçant un métier particulier correspondrait à une « culture ». Comme on l'a déjà vu, le concept de système d'action concret est proche de celui de culture dans la mesure où il joue ce rôle de ciment entre les acteurs à travers une régulation intériorisée entre les jeux. Mais il n'épuise pas le concept de culture qui a aussi pour fonction pour un groupe de définir son identité.

Ces approches posent, à propos de la culture, la question de la valeur d'une analyse fondée sur les interactions dans l'entreprise plutôt que sur une construction d'origine exogène. Peut-on changer la culture d'une entreprise, à partir de projets impulsés par les groupes de direction ? Ceux-ci peuvent-ils changer les règles du jeu ? La réponse est dans l'entre-deux. Les directions peuvent proposer de nouvelles règles du jeu, mais les salariés peuvent les faire échouer. Les régulations de contrôle, on l'a vu, s'articulent sur les régulations autonomes pour donner les régulations conjointes, toutes à l'intérieur d'un système de règles « sociétales ». C'est cet ensemble qui peut modifier les cultures dans les organisations. Aucune décision autoritaire ne peut y parvenir. On peut le faire évoluer ou tenter de le faire, à condition de bien le connaître – ce qui n'est pas toujours le cas des directions, trop loin des lieux où s'élaborent ces régulations –, de comprendre les raisons qui ont fait choisir ces règles et d'en proposer d'autres dont la légitimité soit reconnue par les exécutants.

Au terme de ce rappel des concepts de la théorie de la contingence, de l'analyse stratégique, de la régulation, de l'identité et de la culture, il apparaît important de ne pas simplement juxtaposer ces approches mais de les articuler pour penser l'organisation, son changement et ses permanences. Toutes ces approches permettent de comprendre une grande part du fonctionnement des organisations et de pouvoir l'influencer.

La théorie de la contingence met l'accent sur l'ouverture de l'organisation sur son environnement et sur ses réactions. Les acteurs, leurs stratégies, leurs jeux, les incertitudes, la construction de leurs régulations d'une part, puis la stabilisation de ces jeux à travers la construction des identités et de la culture d'autre part, donnent à voir l'ensemble des concepts à prendre en compte pour saisir la dynamique des groupes humains au travail. On a ainsi un socle solide pour comprendre les règles, leur construction, le sens que les acteurs leur donnent.

Notre expérience pédagogique nous a appris que la compréhension de ce qu'était un acteur, une incertitude, des jeux de pouvoir, des règles, des identités et des cultures était une condition indispensable pour appréhender le fonctionnement concret d'une entreprise. Pour autant, ces approches épuisent-elles la connaissance de ce fonctionnement ? Il apparaît qu'un certain nombre de points obscurs demeurent. Tout d'abord celui du changement dans le cas particulier que constitue l'innovation, autant organisationnelle que technique. Les stratégies montrées plus haut ne rendent pas compte de ce que sera la constitution d'un réseau, chaque fois particulier lorsqu'il y aura une innovation à introduire. Il faut une traduction qui échappe à la logique du pouvoir et de la règle. Ensuite, tout un corpus théorique s'est attaché à montrer que l'organisation fonctionnait toujours sur un certain nombre d'accords, de conventions implicites, qu'on ne se répète pas car elles sont admises par tous comme des évidences, dont la théorie de la culture rend mal compte, même si elle en est proche, et qu'il y avait tout intérêt à détailler ce système d'accords, de justifications, mais aussi de disputes, car il introduit à une connaissance de ce qui est spontanément valorisé dans un groupe et permet de mieux comprendre ses réactions. Enfin, le concept de logiques d'action constitue aujourd'hui une clé d'entrée dans les manières dont les acteurs de l'organisation structurent leurs comportements.

*

Bibliographie

Ansart, P. (1992), *Les Sociologies contemporaines*, Paris, Éd. du Seuil.

Bernoux, P. (1985 ; 4e éd., 1993), *La Sociologie des organisations*, Paris, Éd. du Seuil.
– (1995), *La Sociologie des entreprises*, Paris, Éd. du Seuil.
– *et al.* (1985), « De l'expression à la négociation. Les groupes d'expression directe dans six entreprises de la région Rhône-Alpes », *Document GLYSI*, n° 6, 1985.

Boudon, R., et Bourricaud, F. (1983), *Dictionnaire critique de la sociologie*, Paris, PUF.

Crozier, M., et Friedberg, E. (1977), *L'Acteur et le Système*, Paris, Éd. du Seuil.

Friedberg, E. (1993), *Le Pouvoir et la Règle*, Paris, Éd. du Seuil.

Iribarne, P. d' (1989), *La Logique de l'honneur*, Paris, Éd. du Seuil.

Lawrence, P. R., et Lorsch, J. W. (1973), *Adapter les structures de l'entreprise*, Paris, Éd. d'Organisation.

Liu, M. (1981), « Technologie, organisation du travail et comportement des salariés », *Revue française de sociologie*, vol. XXII, n° 2, p. 205-221.

March, J. G., et Simon, H. A. (1971), *Les Organisations*, Paris, Dunod.

Maurice, M., Sellier, F., et Silvestre, J.-J. (1982), *Politique d'éducation et Organisation industrielle en France et en Allemagne*, Paris, PUF.

Mintzberg, H. (1982), *Structure et Dynamique des organisations*, Paris, Éd. d'Organisation.
– (1990), *Le Management*, Paris, Éd. d'Organisation.

Reynaud, J.-D. (1989), *Les Règles du jeu. L'action collective et la régulation sociale*, Paris, Armand Colin.

Sainsaulieu, R. (1977), *L'Identité au travail, les effets culturels de l'organisation*, Presses de la Fondation nationale des sciences politiques.

Schein, E. (1985), *Organizational Culture and Leadership*, San Francisco, Jossey Bass.

Terssac, G. de (1992), *Autonomie dans le travail*, Paris, PUF.

Woodward, J. (1965), *Industrial Organization. Theory and Practice*, Oxford University Press.

LE CAS MÉCANEX [1]

1. L'entreprise et le groupe des ouvrières

Il s'agit d'une entreprise de petite taille (40 personnes). Elle fabrique des pièces métalliques en sous-traitance par emboutissage et soudure. Elle comprend une quinzaine d'ouvrières OS travaillant sur petites presses, une quinzaine d'ouvriers manœuvres et outilleurs, un contremaître, deux régleurs de presse, huit employés et cadres de la direction.

La demande initiale de la direction de l'entreprise était de réaliser une action de formation pour favoriser le développement humain et la qualité du travail du personnel de fabrication. Au cours de la phase d'introduction, les négociations avec les différentes catégories du personnel avaient abouti à la mise en œuvre d'un programme expérimental de formation « en groupes » pour tout le personnel de fabrication. Il était prévu que le contenu de la formation serait choisi par chaque groupe et porterait sur les problèmes quotidiens vécus dans l'atelier. Il était aussi convenu que les membres du groupe élaboreraient des propositions d'amélioration de leurs conditions de travail qu'ils soumettraient à leur direction par les canaux normaux de l'entreprise (comité d'entreprise, délégués du personnel). La direction s'était engagée, soit à mettre ces demandes en œuvre, soit à expliquer au personnel les raisons pour lesquelles elle ne pouvait les réaliser.

Le rôle des chercheurs avait été défini comme étant celui d'« accompagnateurs ». Il consistait à favoriser l'expression des membres du groupe, à réguler leurs échanges, à répondre à toute demande de formation et d'information venant du groupe. Les accompagnateurs se refusaient à transmettre des

1. Cette étude de cas est librement adaptée d'un article de Michel Liu, professeur à l'École centrale.

→

informations du groupe à la direction et réciproquement. Ils se refusaient également à intervenir hors des séances de formation pour réaliser des changements dans les ateliers. Deux groupes de formation furent constitués, l'un comprenant l'ensemble des ouvriers ETAM (employés, techniciens, agents de maîtrise), l'autre les ouvrières OS. Les séances avaient lieu en parallèle tous les mois environ et duraient deux heures. Pour chaque groupe, l'ensemble de la formation a eu lieu en 33 séances, soit 66 heures étalées sur trois ans et demi. La situation présentée ci-dessous ne concerne que le groupe des ouvrières OS.

Le sentiment d'impuissance était l'attitude dominante par rapport à cette formation. Aucune des ouvrières n'avait choisi de faire le travail qu'elle faisait et toutes pensaient qu'elles étaient incapables de faire autre chose. Tout espoir de changement était inimaginable. Lors de la première séance, les ouvrières l'ont exprimé directement par des phrases telles que : « Ne perdez pas de temps avec nous pour essayer de nous former. Nous sommes trop bêtes. Pour nous il n'y a plus rien à faire. » L'impression de non-sens résultait de l'organisation du travail qui avait souvent des aspects leur paraissant complètement arbitraires. Cela était particulièrement le cas des temps alloués pour l'exécution du travail. Parfois le travail était accompli au bout de la moitié du temps alloué. D'autres fois, même en se pressant, les meilleures ouvrières ne réussissaient pas à réaliser le nombre de pièces demandées pendant le temps prescrit. L'isolement était très grand. Mis à part une ou deux paires d'amies, les ouvrières, même celles ayant plus de dix ans d'ancienneté, ne se parlaient pas. Les rapports entre personnes étaient soit d'ignorance délibérée, soit d'agressivité.

Beaucoup d'ouvrières continuaient à travailler sur des machines qu'elles-mêmes jugeaient dangereuses et où elles risquaient de perdre des doigts ou la main. Les ouvrières plaçaient la nécessité de produire sans s'arrêter au-dessus de celle de maintenir leur intégrité corporelle. Cette attitude était très profondément ancrée chez toutes les ouvrières.

2. L'accueil des nouvelles embauchées

Le groupe des ouvrières était constitué de « neuf anciennes » dont la présence dans l'entreprise s'échelonnait entre trente et trois ans, et de cinq à six « nouvelles » qui restaient de quelques semaines à quelques mois. Il y avait donc pour cette fraction du groupe un renouvellement très fréquent. L'accueil des nouvelles embauchées était des plus succincts. Face à la rotation accélérée des postulantes, l'entreprise avait réduit au minimum le temps consacré à la mise au courant des nouvelles. Après un premier contact administratif, la future embauchée était invitée à effectuer une journée d'essai dès le lendemain. Elle repartait de ce premier contact sans savoir la nature du travail demandé, sans même avoir pu jeter un coup d'œil sur l'atelier. L'apprentissage au poste de travail au début de la journée d'essai durait quelques minutes. Il était mené assez rudement par le régleur. La future ouvrière était alors abandonnée avec une commande à réaliser en un temps donné. De la part des autres ouvrières, l'accueil était glacial, personne ne lui adressait la parole, mais chacune l'épiait. Lors des pauses, elle était soigneusement tenue à l'écart. Si elle était jugée trop « maniérée » ou trop « gourde », les anciennes lui infligeaient quelques épreuves.

La plupart des nouvelles recrues ne revenaient pas au terme de leur journée d'essai. Celles qui restaient devaient apprendre au cours des journées suivantes des modes opératoires leur permettant de réaliser leur travail dans le temps prescrit. Elles apprenaient également par l'indifférence ou l'hostilité manifestée par les « anciennes » vis-à-vis de leurs comportements ce qu'il était possible ou interdit de faire dans l'atelier.

Les chercheurs menèrent avec le groupe un travail ayant pour objectif de mettre au point une procédure formelle d'accueil plus appropriée. Cette procédure une fois élaborée devait être négociée entre les élues représentant le groupe au comité d'entreprise et la direction. Les élues étaient à ce moment deux anciennes.

Au cours du travail, nous avons explicité la situation de détresse psychologique dans laquelle se trouvait la nouvelle venue, et il est

→

indéniable qu'il y eut de notre part, au moins implicitement, une condamnation des mesures vexatoires des anciennes et l'indication qu'une attitude bienveillante vis-à-vis des nouvelles était pour nous plus « normale ». Au terme de l'étude, les élues, qui manquaient d'assurance, n'osèrent pas présenter la procédure formelle d'accueil devant le comité d'entreprise. Toutefois, les ouvrières décidèrent entre elles d'accueillir avec beaucoup plus de sollicitude celles qui viendraient à l'essai. Ce qui fut fait. Les nouvelles venues furent désormais entourées dès leur jour d'essai. La plupart d'entre elles restèrent et furent embauchées. Elles nous expliquèrent au cours d'une séance qui eut lieu par la suite qu'elles avaient été agréablement surprises par l'ambiance et que cela les avait déterminées à accepter le poste proposé. Le résultat progressif du changement de l'accueil informel (la procédure formelle d'accueil ayant été abandonnée) fut à court terme de promouvoir des relations plus fréquentes et plus riches entre les ouvrières. A long terme, les nouvelles ouvrières purent s'insérer dans le groupe, y expérimenter des comportements nouveaux, y exercer une certaine influence : deux d'entre elles furent élues au comité d'entreprise.

Cette transformation de la procédure d'accueil ne supprima pas pour autant toutes les difficultés.

Ainsi, une ouvrière dont l'embauche était récente reprocha aux autres leur hypocrisie, car « après l'avoir bien accueillie, le groupe la mettait en quarantaine ». Les anciennes lui reprochèrent alors de se plaindre auprès du contremaître de manière à se faire attribuer les travaux les plus faciles et de rejeter les fautes de fabrication sur d'autres ouvrières, en les « dénonçant » à la direction. Après plusieurs séances d'explication et des essais de coexistence, l'ouvrière quitta l'atelier au bout de six mois, ayant reconnu que le travail était trop dur pour elle. Pendant cette période, la vie de l'atelier fut sérieusement perturbée.

3. La sécurité sur presse : modification de la relation au travail

Il y avait en moyenne deux accidents graves – doigts ou phalanges écrasés, coupures profondes – par an dans l'atelier, et les problèmes de sécurité étaient vivement ressentis dans toute l'entreprise. La direction en était très préoccupée, car toutes les procédures formelles mises en place pour assurer la sécurité échouaient. Dans l'atelier, les accidents créaient une émotion profonde parmi les ouvriers et ouvrières.

Cette émotion se manifesta à nous pour la première fois au cours d'une séance qui eut lieu trois jours après un accident blessant gravement une ouvrière. Tout au long des deux années qui suivirent cette séance, le sujet fut fréquemment abordé et ce fut toujours à l'initiative des ouvrières. Il suscitait chaque fois des échanges très nombreux et passionnés, mais ce n'est qu'au bout de cette période qu'une solution satisfaisante en matière de sécurité put être élaborée. Les obstacles qui interdisaient à l'avance toute solution peuvent être illustrés par des comportements de tous les membres de l'atelier soit à l'égard de la « productivité », soit à propos de la « hiérarchie ».

Ainsi, toute ouvrière non occupée à travailler se faisant très rapidement rappeler à l'ordre par les régleurs, les ouvrières continuaient à travailler sur des presses déréglées, tout en ressentant une peur physique de leur machine, alors qu'il leur était reconnu le droit d'arrêter le travail si elles jugeaient la machine dangereuse. Cette attitude était en partie fondée sur le respect de la « hiérarchie » qui établissait que, dans l'atelier, le régleur n'était pas à la disposition des ouvrières, fût-ce pour des problèmes de sécurité – ce qui contredisait dans les faits les consignes de la direction. Aussi, lorsqu'une ouvrière signalait au régleur une anomalie dans la marche de sa machine, celui-ci commençait-il par l'accuser d'avoir mal travaillé, puis refusait de laisser son travail en cours pour aller régler la presse. La combinaison de ces deux comportements créait la plupart des accidents et empêchait le fonctionnement de toute procédure formelle (comité d'hygiène et de sécurité, cahier de sécurité, etc.).

→

Une série d'événements allait entraîner la modification de la situation.

Tout d'abord, la réaction spontanée d'indignation de l'accompagnatrice, lorsqu'elle comprit que les ouvrières acceptaient de mettre en danger leur intégrité corporelle pour maintenir l'impératif de production, provoqua un choc vécu dans un instant d'émotion très grande. Les ouvrières remirent en cause leur attitude de passivité face aux accidents. Les changements d'attitudes et de comportements qui suivirent eurent pour résultat de créer des tensions de plus en plus fortes entre ouvrières et régleurs dans l'atelier, les premières contestant alors les méthodes de travail et de commandement et le comportement des seconds.

Les régleurs, de leur côté, n'admettaient pas que les ouvrières puissent leur dire « comment ils devaient travailler » et ne prenaient pas au sérieux leurs remarques sur le fonctionnement des machines. Malgré plusieurs réunions communes entre régleurs et ouvrières, ceux-là refusaient toujours de laisser un travail en cours pour aller examiner une presse sur la demande d'une ouvrière.

Le fait décisif qui permit le changement fut un accident qui arriva à une ouvrière qui, dans l'entreprise depuis trente ans, n'avait jamais été accidentée. Il fut établi lors de l'enquête que la responsabilité du régleur était en jeu. L'événement, qui suscita beaucoup d'agitation dans l'atelier, aboutit à la procédure suivante acceptée unanimement par l'ensemble du personnel des ateliers : les déléguées pourraient désormais arrêter une machine jugée dangereuse après en avoir averti les régleurs et le chef d'atelier. Peu de temps après, le régleur présenta des excuses au groupe d'OS et demanda au nom des ouvriers que désormais les deux groupes se réunissent ensemble pour « régler les problèmes qui nous concernent tous ».

4. Le travail en séance et l'autonomie dans la vie quotidienne

Se réunir pour discuter d'une difficulté inopinée ou conjoncturelle survenant dans l'atelier, rechercher des solutions ensemble était une situation très nouvelle pour les ouvrières. Elles ne l'acceptèrent pas sans réticence et ne furent à l'aise dans les séances qu'au bout d'une année. En analysant, à des fins pédagogiques, les méthodes utilisées pour résoudre les difficultés dans l'atelier, nous nous sommes aperçus que la démarche suivie en séance était très éloignée des pratiques à l'œuvre dans l'atelier.

Ainsi, à certaines périodes, les ouvrières manquaient de caisses pour stocker et évacuer les produits qu'elles fabriquaient. Devant cette difficulté, chacune essayait de se débrouiller individuellement, soit en arrivant plus tôt pour réquisitionner le nombre nécessaire de caisses avant les autres, soit en négociant avec les manœuvres – qui les évacuaient – un retour rapide des caisses à leur poste de travail. Celles qui n'avaient pas réussi à en obtenir par l'une ou l'autre de ces solutions continuaient leur travail en remplissant les caisses au-delà du raisonnable, ou même en stockant les pièces directement sur le sol, tout en essayant de ne pas attirer l'attention de la maîtrise. En général, lorsque le tas débordait sur l'allée de circulation, le contremaître était alerté, l'ouvrière subissait alors les cris et les remontrances et se défendait tant bien que mal. A la fin de l'altercation, le contremaître faisait donner une caisse à l'ouvrière. Il réglait de la sorte momentanément le problème, mais le cycle avait de fortes chances de recommencer ailleurs. Dans l'étude faite en séance, il apparut que le nombre de caisses était insuffisant car des caisses cassées n'avaient pas été remplacées, et en outre que le magasinier, surchargé par d'autres tâches, ne pouvait libérer les caisses à temps. Cette analyse permit de prendre des mesures pour régler le problème de façon durable.

Le mode de résolution de difficultés que nous avons décrit était tout à fait général. Chaque difficulté rencontrée était considérée en tant que telle indépendamment des autres aspects de

→

fonctionnement de l'atelier et chaque ouvrière essayait de la résoudre isolément et pour elle-même. Il en résultait deux types d'attitudes : ou bien l'ouvrière restait passive et expérimentait alors son impuissance à résoudre la difficulté, ou bien, en tentant une solution individuelle, elle entrait en conflit avec ses compagnes et renforçait ses sentiments d'isolement et d'anomie. Il en résultait que chaque difficulté était généralement ressentie comme une faute personnelle.

Le travail en séance eut donc comme conséquence inattendue pour les accompagnateurs d'amener les ouvrières à quitter progressivement cette attitude. Elles se mirent à considérer quelques-unes des difficultés comme des problèmes solubles et non plus comme des fatalités et commencèrent, au moins dans les cas les plus nets, à séparer les notions de difficultés objectives et de faute personnelle. Nous en eûmes un écho indirect lorsque, au cours d'une séance, certaines ouvrières nous reprochèrent d'avoir par nos séances introduit les disputes dans l'atelier entre « hommes et femmes ». Comme nous les interrogions sur les raisons de ces disputes, elles précisèrent : « C'est parce que maintenant nous sommes plus "franches". Nous osons dire ce que nous pensons et nous n'admettons plus qu'on nous dispute à tort. »

A la septième séance, elles rejetèrent le programme prévu pour discuter d'un sujet de leur choix. A partir de là, le déroulement de la séance fut de plus en plus déterminé par elles et nous pûmes constater que le groupe gérait de manière de plus en plus nette la durée des séances pour l'utiliser à sa guise, ce qui eut également des répercussions dans l'atelier, notamment par un changement d'attitude vis-à-vis des temps prédéterminés et de la rémunération au rendement.

GUIDE D'EXPLORATION

Ce cas a été écrit par Michel Liu pour présenter le concept de microcultures. Il permet de présenter le thème de la culture et du changement. L'utilisation de l'analyse stratégique est moins évidente. On peut alors montrer que, selon les questions à explorer, il convient de choisir les paradigmes explicatifs pertinents.

La culture se repère à travers la construction de règles, issues en partie de la situation d'action, en partie des représentations des relations entre acteurs. La situation d'action contraint les ouvrières : elles ont des conditions de travail extrêmement dures, ce qui les conduit à élaborer un accueil du même type. Il ne faut pas interpréter la dureté de l'accueil à partir de considérations sur la nature humaine, ou son dévoiement, mais comme une action stratégique visant à filtrer et à sélectionner parmi les nouvelles embauchées les plus dures et les plus résistantes.

De même faut-il trouver les super-règles qui font que les ouvrières désobéissent aux consignes d'arrêt des machines données par la direction pour agir en fonction de la présence du régleur. Ces super-règles peuvent être ramenées à trois : une ouvrière doit toujours travailler, c'est une faute de ne pas le faire ; la condition féminine est de soumission aux hommes, le régleur ne doit pas être dérangé dans son travail ; les accidents du travail sont une fatalité, il faut les accepter ainsi.

Les ouvrières changeront leur comportement à l'aide de la rencontre d'un tiers intervenant porteur de règles différentes des leurs et à l'aide d'une modification concrète des règles les concernant. Le changement naît de la réaction d'indignation de l'accompagnatrice – c'est une femme – au moment d'un accident. Réaction et accident provoquent un changement d'attitudes, cause du changement de comportements. Le type de travail en séance, où les ouvrières sont mises dans une situation nouvelle dans la mesure où elles ont le choix de déterminer le thème, le programme et le déroulement des séances, les amène à changer de comportements, c'est-à-dire à choisir les sujets qui leur conviennent, et à organiser elles-mêmes le déroulement des séances.

2

Conventions et accords[1]

Depuis plusieurs années, les travaux de certains économistes, se penchant (certains diront : enfin !) sur le fonctionnement organisationnel, rapprochent leurs préoccupations de celles des sociologues.

Malgré leurs différences, on retrouvera chez les uns et chez les autres la même tentative d'analyser les modalités par lesquelles les acteurs trouvent des moyens de coopérer, malgré des « intérêts » divergents. Ils s'intéressent aux processus et aux formes de cette « coordination ». Ils ont une perception commune de la contingence et de la fragilité des arrangements organisationnels construits par les acteurs.

Plus spécifiquement, un courant récent de l'économie met au centre de son analyse les cadres communs sans lesquels aucune forme d'échange, même ponctuel, ne serait possible. Ces « conventions » (d'où le nom donné à ce courant : « économie des conventions ») sont en fait un système d'attentes réciproques entre les personnes sur leurs comportements.

Pour qu'il y ait échange et coordination, il faut donc qu'il y ait des « conventions » entre les personnes concernées. Ces conventions peuvent être écrites (accords, contrats) ou ne pas

1. Une version différente du même texte a été publiée dans le numéro de novembre-décembre 1994 de la *Revue française de gestion*, sous la signature de G. Herreros et Y. F. Livian.

l'être. Elles existent de toute façon. Le domaine des relations entre employeur et salarié est particulièrement étudié par l'économie des conventions. Dans ce contexte, on retrouve bien une situation à la fois conflictuelle (il y a divergence d'intérêts) et coopérative (il y a une nécessité de coopérer, pour que l'employeur obtienne du salarié le travail qu'il espère et le salarié les avantages qu'il en attend). La convention (ici convention de travail) est un cadre dans lequel sont posés, pensés et résolus les conflits [1]. Encore faut-il savoir comment ces conventions s'élaborent, sur quels principes, quelles références elles s'appuient, et par quels éléments elles peuvent se concrétiser.

C'est là que l'approche dite des « économies de la grandeur » fournit une tentative originale et très ambitieuse. Cherchant à dépasser l'opposition entre économie et sociologie, L. Boltanski (sociologue d'origine) et L. Thévenot (économiste d'origine) proposent une approche qui peut retenir notre attention. Ils s'intéressent en effet aux accords justifiés, légitimes entre les membres d'une société.

Disons-le tout de suite, l'intérêt suscité rapidement par ces travaux est toutefois freiné par plusieurs types d'obstacles. Tout d'abord, les ouvrages qui composent le socle théorique de ce nouveau modèle, à savoir *Les Économies de la grandeur* [EG] (Boltanski et Thévenot 1987) et *De la justification* (Boltanski et Thévenot 1991), sont d'un hermétisme assez décourageant. Le lecteur non spécialiste doit en effet s'armer de patience et accepter de se confronter à plusieurs reprises à l'aridité du vocabulaire et de la syntaxe des auteurs pour commencer à per-

1. Pour ceux qui voudraient en savoir plus, on peut signaler notamment *L'Économie des conventions*, numéro spécial de la *Revue économique*, n° 2, mars 1989, et R. Salais et L. Thévenot (éd.), *Le Travail : marchés, règles, conventions*, Paris, Economica, 1986.

Pour une analyse critique, voir notamment J. Rose, « Des conventions aux formes institutionnelles : éléments pour un débat », *Revue française d'économie*, vol. V, n° 3, 1990.

cer quelques-unes de leurs thèses majeures. En second lieu, l'approche par les « conventions », auxquelles ils se rattachent, tout du moins dans les ouvrages fondateurs, souffre d'un défaut d'illustrations [1]. Enfin, si on s'en tient aux intentions des tenants de cette école, on se trouve plongé dans un « isolationnisme » théorique inquiétant. En effet, leur parti pris implicite de rompre avec les apports classiques de la sociologie des organisations, et ce pour mieux poser, sans doute, l'originalité de leur propre démarche, les conduit à ignorer totalement quelques-uns des travaux majeurs de ces vingt dernières années portant sur l'entreprise et les relations que les individus y tissent.

Ces obstacles nuisent considérablement à l'opérationnalisation de ce nouveau modèle de lecture. Notre objectif dans ce chapitre est donc double :

– d'abord, nous entendons « traduire » les auteurs, en simplifiant et en « clarifiant » leurs développements ;

– ensuite, nous souhaitons montrer en quoi leur apport peut être utile au gestionnaire comme mode d'analyse des organisations, complémentaire à celui plus classique de la sociologie des organisations.

Évidemment, avec l'un et l'autre de ces objectifs, nous courons le risque d'aller au-delà de l'intention des auteurs ; la traduction peut être une forme de dénaturation, l'illustration peut donner lieu à des glissements de sens, la connexion avec d'autres apports peut être considérée comme un attentat à l'originalité et à la pureté théorique des auteurs. Plus globalement, l'opérationnalisation dans le champ de l'entreprise de ce modèle peut, aux yeux des auteurs, être comprise beaucoup plus comme une réduction que comme une application. Nous acceptons de courir ce risque, et suggérons, au nom du prag-

1. D'autres travaux, sur lesquels nous nous appuierons également dans ce texte, sont moins sujets à cette critique (cf. Boltanski, Thévenot *et al.* 1989 ; Boltanski 1990).

matisme de la science appliquée, un usage libre de tout modèle théorique dès lors qu'il permet de mieux comprendre une situation.

Le chapitre comportera trois parties. Dans un premier temps, le modèle théorique des EG [1], avec ses concepts clés, sera présenté (première partie), puis on traitera successivement de la construction des accords (deuxième partie) et des apports et des limites de ce nouveau modèle (troisième partie). Un cas susceptible d'être analysé grâce à cette grille sera ensuite proposé, le cas Linex.

LE MODÈLE THÉORIQUE DES « ÉCONOMIES DE LA GRANDEUR »

Le cœur de la problématique des conventionnalistes en général et des EG en particulier réside dans la réflexion sur la production des accords, la réalisation des coordinations entre personnes [2]. Pour entrer au cœur du modèle, il faut d'abord domestiquer les concepts et notions clés proposés par les auteurs. Ensuite, il devient possible d'observer et de comprendre la dynamique des conventions. Quelques préalables doivent être formulés en tout premier lieu.

Pour les sociologues, le lien social repose sur les règles que

1. Abréviation que nous utiliserons dans la suite du texte pour « Économies de la Grandeur »

2. Les auteurs utilisent rarement les termes d'agents ou d'acteurs pour désigner les individus dont ils parlent. Préférant la notion de « personne », ils entendent ainsi se situer à égale distance de la sociologie de la domination (privilégiant l'agent, comme dans les travaux de P. Bourdieu) ou de l'analyse stratégique (centrée sur la notion d'acteur, comme y invite M. Crozier). Pour notre part, nous n'hésiterons pas à utiliser alternativement les notions de « personne » et d'« acteur ».

les individus se donnent et qui régissent leurs rapports ; ces règles deviennent « habitudes », « cultures » ou *« common knowledge »* et fondent le social. Différente est la conception des économistes, pour qui l'échange, la circulation des biens, sont à l'origine du lien entre les hommes ; pour eux, le marché, avec ses tensions et les rapports de forces qui en résultent, définit le lien social. Les conventionnalistes suggèrent de rejeter cette opposition, trop artificielle. Selon eux, l'entreprise constitue l'objet qui, justement parce qu'elle est à la fois un espace de règles et de circulation de biens, exige le dépassement du clivage entre des lectures sociologiques ou économiques. En effet, tous les rapports ne peuvent se laisser saisir par « la culture et la routine », ou bien encore les rapports de forces et la violence (Boltanski 1990). L'accord entre les personnes n'est pas seulement le produit de l'habitude ou de la contrainte. Les conditions de l'action collective, les coordinations, les conventions, les accords doivent donc pouvoir s'expliquer autrement. Les EG se fixent donc pour objectif de saisir les modalités de la construction des accords en toute situation et en particulier dans les situations de travail.

Pourquoi dit-on d'une situation « qu'elle se tient » ? Quelles sont les conditions de production des accords entre personnes qui justement permettent à une situation de « se tenir » ? Voilà quelques-unes des questions auxquelles les auteurs entendent répondre. En même temps qu'ils suggèrent un ensemble de propositions pour reconstituer les phases de la constitution du lien social dans les organisations, L. Boltanski et L. Thévenot avancent une série de suggestions dont deux au moins sont, d'un point de vue tant méthodologique que théorique, tout à fait essentielles [1] :

1. Ces affirmations, décisives pour la compréhension du modèle, méritent un commentaire. Nous le réservons pour nos développements relatifs aux apports et limites de cette approche.

– les situations ne peuvent se comprendre, s'analyser, qu'à partir de la représentation qu'en donnent, à travers leurs justifications, les personnes qui les font ;

– les personnes ont, tout autant que l'analyste, compétence à évaluer la nature des situations dans lesquelles elles se déplacent et c'est de cette compétence que le chercheur doit partir.

Deux ensembles peuvent être distingués : d'un côté une typologie modélisant les situations sociales, de l'autre des indicateurs permettant de caractériser et de reconstruire les différentes figures de la typologie.

Plongeant dans l'histoire des idées du monde occidental, les auteurs dégagent, des diverses philosophies politiques qu'ils retiennent comme essentielles, des principes sur lesquels se fondent, selon eux, les équilibres de la Cité, et qui peuvent s'appliquer à l'entreprise. Sinon l'harmonie, tout du moins la possibilité des relations entre personnes repose selon eux sur des systèmes d'équivalences partagées, des grandeurs communes, permettant à chacun de retrouver les repères (objets, individus, relations) qui vont guider ses relations dans la situation, lui fournir les éléments de caractérisation de celle-ci. Ces grandeurs, ces systèmes d'équivalences, se déploient dans des « mondes » régis par la cohérence des principes qui y sont activés.

Au nombre de six, ces « mondes » purs, caractérisant l'univers des relations, des situations, doivent se comprendre comme des formes idéales-typiques. Dans chacun des mondes sont mobilisées des cohérences qui mettent au premier rang des personnes, des objets, des représentations, des figures relationnelles qui sont autant de visages permettant de reconnaître de quelle « nature » relève la situation, tant du point de vue de la personne qui s'y meut que de celui de l'observateur qui tente de la comprendre.

Les différents « mondes »

Selon que la situation étudiée relève de l'inspiration, du domestique, de l'opinion, du civique, du marchand ou de l'industriel, les formes de coordination entre personnes apparaissent comme très diverses. Pour clore un conflit, « une controverse » disent les auteurs, les fondements d'un accord ne peuvent être recherchés dans les mêmes formes, à partir des mêmes objets sociaux, selon qu'il s'est agi d'un monde ou d'un autre.

• *Le monde de l'inspiration.* Dans le monde de l'inspiration, les objets valorisés sont ceux qui renvoient au génie créateur dont ils sont porteurs. L'artiste ne se souciant guère de la critique que l'on réservera à son œuvre, de la valeur marchande de celle-ci, se déplace dans un monde « inspiré ». Seuls importent la création, le jaillissement de l'inspiration.

Le « compagnon du tour de France » produisant son « chef-d'œuvre » se soucie peu du coût économique de sa réalisation et ne privilégie que l'exercice lui permettant d'être au « sommet de son art ». Prendre en compte la productivité, l'utilité sociale ou la valeur d'usage de la marchandise produite importe peu à l'artiste inspiré. Le « créatif » et son équipe dans une agence de publicité, le chercheur et ses collègues du « labo », l'architecte et ses assistants sont des personnes fortement soumises au monde de l'inspiration.

Vouloir fonder un accord entre personnes en référence aux contraintes du marché, à l'efficacité marchande, serait totalement inadapté à ce type de monde.

• *Le monde domestique.* Les figures de référence sont ici celles de la famille, de la tradition, des anciens, des ancêtres. Les relations se tiennent, dans le « monde domestique », parce qu'elles sont en conformité avec les règles de l'honneur que suggère le respect du devoir envers les pairs, envers le père. La hiérarchie domestique repose sur la subordination. La grandeur des êtres tiendra à la position occupée dans la lignée et non aux compétences « rationnelles » qui pourraient être affichées par les personnes. Les coordinations d'action dans ce monde trouvent leur socle avec le respect et l'activation des traditions.

L'efficacité domestique réside dans la capacité à suivre l'exemple des anciens. Dans l'entreprise, le chef d'atelier et ses compagnons, le groupe convivial d'ouvrières avec ses « anciennes » mobilisent un principe domestique. De même, les relations entre le « patron » hospitalier et son équipe d'internes et d'infirmières s'analysent fortement en fonction de traditions reconnues et de règles du « milieu ». Pour la nature domestique, le monde de l'inspiration, en ce qu'il impose de casser les règles traditionnelles pour accéder à la création véritable (ainsi dans le champ artistique ne dit-on pas que les modernes rompent avec les classiques), confine à l'hérésie.

• *Le monde de l'opinion.* Au principe de ce monde on retrouve l'opinion de l'autre ou le renom qu'une action peut procurer à son auteur. La reconnaissance d'un large auditoire que permet d'obtenir le comportement est ici au fondement des situations répondant à la logique de l'opinion. Être réputé, connu, considéré, accéder au succès ou au vedettariat, bénéficier d'un jugement positif de la part du plus grand nombre sont les ressorts de l'action de ce monde. Un projet dont la finalité consisterait à procurer le renom pourrait être analysé comme s'enracinant dans le monde de l'opinion.

Par exemple, tel ou tel manager dont le souci serait de conserver sa réputation construite au fil du temps (celle de « sauveur d'entreprises en faillite » par exemple) ne pourrait être compris, dans sa stratégie de gestion, qu'en référence à son souci de renforcer son image personnelle. Certaines actions de « parrainage » culturel ou sportif fortement médiatisées répondent largement à un principe de notoriété, au-delà de tout autre (même si un principe marchand peut toujours être invoqué pour justifier certaines dépenses...).

Ici peu importe le génie créateur (le génie provoque l'incompréhension et risque d'isoler) ou le respect des traditions (la tradition enferme dans des règles et, pour atteindre la célébrité, il faut souvent accepter de les transgresser), seule la consécration du public importe.

• *Le monde civique*. L'intérêt collectif prime l'intérêt particulier dans le monde civique. Les personnes qui s'y meuvent mobilisent, en tout premier lieu, les notions d'équité, de liberté, de solidarité. La loi qui régit le fonctionnement des espaces démocratiques est au centre de l'édifice civique. Le droit d'expression de chacun ou des représentants légaux est ici souverain. La démocratie en organisation (Sainsaulieu et Tixier 1983), en ce qu'elle permet de défendre la citoyenneté, importe plus que tout dans le monde civique. Le fonctionnement des coopératives a longtemps répondu à un objectif de prééminence du collectif et de solidarité. La notion de « service public », invoquée dans la gestion de certaines entreprises publiques, peut aussi être associée à ce monde civique (dans ce cas, perçu comme s'opposant au principe marchand)[1].

• *Le monde marchand*. Ce monde met au centre des principes qui le régissent les notions servant habituellement à définir les lois du marché. Être concurrentiel, capter la clientèle, réussir une affaire, obtenir le meilleur prix, tirer profit d'une

1. Une entreprise comme la SNCF, par exemple, et les débats internes et externes que sa stratégie actuelle provoque, pourrait être citée comme illustration.

transaction… sont autant d'objectifs qui illustrent ce qui importe dans la situation marchande. Les commerciaux d'une entreprise définissant ensemble une stratégie de vente peuvent être en désaccord sur les méthodes, les outils à utiliser, mais leurs controverses peuvent se clore s'il est fait appel à ce que chacun s'accorde à reconnaître comme fondamental dans le monde marchand : « être le meilleur sur son marché ». L'opportunisme, s'il permet de vendre, de gagner, loin de faire déchoir, illustrera la capacité à être responsable dans ce monde marchand.

Le génie créateur qui anime le monde de l'inspiration est ici déjugé, il est synonyme d'inadaptation au réel. L'artiste n'est-il pas condamné à la famine ? Le domestique est insuffisamment novateur, le respect du traditionnel interdit de saisir en toute circonstance les opportunités dont la bonne gestion commande la réussite. Quant au monde du renom, s'il permet la richesse, alors sans doute est-il compatible avec l'univers marchand. Par contre, si emporter l'opinion ne permet pas de convaincre le client, alors ce monde est à son tour rejeté. A quoi servirait une très belle image pour un produit faisant un chiffre d'affaires dérisoire ?

• *Le monde industriel.* Dans le monde industriel, la performance technique, la science sont au fondement de l'efficacité. Investir dans une machine ou dans la formation de l'opérateur chargé de la conduire, mesurer la productivité à l'aide d'instruments procédant eux-mêmes d'une approche scientifique sont des caractéristiques du monde industriel. L'entreprise fortement équipée, moderne dans sa façon de produire, se donnant à voir, à l'éventuel visiteur, dans son « excellence » (machines impeccablement réglées et maîtrisées, professionnels domptant harmonieusement la technique…), apparaissant donc comme un système parfaitement fonctionnel, est une image pure de ce monde industriel. Si un litige survient entre personnes (entre ingénieurs des méthodes par exemple), un test technique, une analyse rationnelle et scientifique viendra résoudre le désaccord et permettra de sceller une nouvelle entente.

Qu'une stratégie de production soit retenue, non pour ses vertus scientifiques mais pour la notoriété que sa dimension expérimentale pourrait procurer à ses concepteurs (monde du renom), qu'une grève pour la reconnaissance des droits d'expression des salariés éclate dans un atelier (monde civique), que les commerciaux viennent à interférer sur les procédures de fabrication jugées, par eux, non satisfaisantes par rapport à ce qu'attendent les clients (monde marchand), et c'est la pureté du monde industriel qui volera en éclat.

Évidemment, chacun de ces mondes ainsi décrits n'a d'existence que théorique. En d'autres termes, toute situation donne nécessairement lieu à des rencontres entre mondes. Ainsi l'entreprise peut-elle relever tout à la fois des mondes domestique et industriel (le paternalisme), civique et inspiré [c'est le cas de certaines entreprises œuvrant à la réinsertion des publics exclus, partant de l'idée que la création artisanale peut être au principe de la réinsertion sociale (Bigourdan *et al.* 1992)], ou bien encore mobiliser simultanément les registres du renom et ceux du monde marchand (une campagne de presse précédant une opération boursière conduite par un groupe industriel ou financier peut fournir un type d'illustration de ce couplage des natures). La difficulté consiste alors à identifier les mondes en présence pour rendre possible la gestion des coordinations nécessaires. L'hypothèse est ici que l'identification des mondes est une phase nécessaire pour construire des accords, trouver des solutions, résoudre les inévitables conflits entre « mondes ». Cette identification est alors facilitée par le recours aux critères ou notions clés servant à la construction des mondes.

Chacun des mondes, pour exister en tant que tel, mobilise

des principes, des sujets, des objets, des figures… qui sont autant d'indicateurs permettant de caractériser, d'identifier leur nature. Les notions qui suivent servent d'appui à la construction et au repérage de ces modèles de situation. C'est aussi à partir d'elles que l'on peut se risquer à une lecture comparée des différents mondes.

Les indicateurs pour les repérer

• *Le principe supérieur commun* renvoie à une instance qui, en dernier ressort, permet aux différents mondes d'exister. C'est autour du principe supérieur commun que se scelle l'accord entre les personnes. C'est en référence à ce principe que les personnes évoluant dans un même monde sont capables d'établir les équivalences qui vont leur permettre d'être en accord, d'appartenir au même monde. Lorsqu'une controverse surgit dans un monde, le recours au principe supérieur commun peut être nécessaire pour la clore. Si les protagonistes d'une situation font référence à un principe supérieur qui n'est plus commun, alors ils ne sont plus dans le même système d'équivalences. Dans ce cas de figure, les coordinations ne peuvent plus s'établir à partir d'un répertoire homogène. Ce qui importe aux uns est indifférent aux autres, ils ne sont alors plus au sein du même monde.

• *L'état de grandeur* est une caractérisation de ce qui est « grand » ou « petit » aux yeux de ceux qui sont dans ce « monde ». Selon les mondes, un état, une attitude seront perçus très différemment. Ainsi, par exemple, comme on l'a vu, le spontané, l'insolite, l'improvisé seront des catégories valorisées dans le monde de l'inspiration, conférant donc l'*état de grand* à quiconque aura mérité ces qualifications ; à l'inverse, dans un monde industriel, ces mêmes catégories renverront à un total discrédit. L'*état de petit*, s'il ne permet pas d'accéder à la grandeur suprême d'un monde, n'exclut pas pour autant du monde en question. Être un artiste insuffisamment créatif, routinier dans ses œuvres, peut faire déchoir, sans conduire pour autant la personne à être boutée hors du monde de l'inspiration. Par ailleurs, le « petit » pourra bénéficier des retombées des gratifications dont les personnes ayant l'état de grand auront bénéficié. L'état de grand et les avantages qu'il procure ont des effets sur le monde en son entier ; les petits en tirent aussi avantage. Dans le monde industriel, par exemple, le modeste technicien admire et respecte le grand ingénieur, et peut tirer parti de cette allégeance. La nature des relations entre petits et grands dans chacun des mondes, la logique de cette relation caractérise le *rapport de grandeur*. Le rapport de grandeur s'évalue à partir des justifications avancées par les personnes sur la nature de leurs relations. Dans le monde domestique, par exemple, la subordination au père est un devoir et un honneur pour celui qui occupe l'état de petit ; quant à la personne ayant l'état de grand, elle assure de sa protection les petits ; la grandeur a aussi ses devoirs. Autre exemple : dans le monde inspiré, l'état de petit conduit à la fascination et au respect du génie créateur ; l'état de grand impose la reconnaissance de la singularité et des mérites de l'artiste, y compris du petit.

Enfin, selon les auteurs, l'état de grandeur n'est en rien déterminé à l'avance par la position qu'occupe une personne dans le champ social. Chacun peut accéder à la « commune dignité » pour parvenir au sein d'un monde à tous les états de grandeur. Aucune appartenance (de race, de culture, de classe...) ne peut interdire *a priori* à un être de toucher à la puissance permettant d'atteindre l'état de grand[1]. Toutefois,

1. Le rejet des effets de toute appartenance sociale et culturelle par les conventionnalistes mérite, évidemment, discussion. Nous l'esquisserons dans la dernière partie de ce texte.

pour accéder à cet état de grand, il faut consentir des efforts, il y a un prix à payer. C'est la *formule d'investissement*.

L'état de grand ne s'obtient pas sans coût d'acquisition. Ce prix à payer est toujours une prise de risque. Il faut bien accepter de perdre son intimité pour accéder au renom, se former longuement pour accéder à la science qui légitime dans le monde industriel, transiger avec sa morale si nécessaire pour saisir opportunément les « bonnes affaires » du monde marchand… Il faut accepter des postes de vendeur dans des provinces lointaines avant de devenir directeur commercial, diriger des usines « à risques » avant d'accéder à une grande usine prestigieuse, etc.

Il faut se plier aux rites de publication pour obtenir l'état de grandeur du renom académique…

• *Les répertoires* désignent aussi bien les sujets que les objets. Dans un monde, il y a des éléments humains (sujets) et non humains (objets). Selon les mondes, certains occupent le devant de la scène. L'ingénieur, le technicien, sa machine, sont *LES* sujets-objets du monde industriel ; le client, le concurrent, le vendeur, le marché, l'affaire et le prix sont *LES* protagonistes principaux du monde marchand…

Toute technique « bricolée », toute machine, tout outil modifié en dehors d'une démarche scientifique et rationnelle devient objet de désordre dans le monde industriel[1]. Une personne qui, dans le monde industriel, n'aurait pas satisfait aux formules d'investissement permettant d'accéder à l'état de grand et qui se risquerait à travailler à la transformation d'un objet technique deviendrait un apprenti sorcier, marginalisé.

1. Dans son ouvrage devenu un classique, R. Linhart (1978), évoquant l'établi « monstrueux » qu'un ouvrier de chez Citroën s'est confectionné pour être performant dans ses interventions, décrit une situation industrielle dont la pureté se trouve altérée par ce « bricolage ».

• *L'épreuve modèle* est une forme d'épreuve. Une épreuve, c'est le surgissement d'une situation qui engage des sujets, des objets dans une relation complexe. Lorsqu'un conflit survient, engager une épreuve c'est choisir des objets, des sujets, qui seront ou non en équivalence, se déplaçant ou non dans les mêmes grandeurs. De l'épreuve peut surgir la clôture d'une controverse. Soit deux voyageurs du TGV se retrouvant affectés par leur billet de réservation à une même place. La confrontation des billets, l'examen rapide des places libres ne permet pas de sortir de la situation. Nous sommes dans une épreuve. S'avancer plus avant dans l'appareillage de la situation en injectant de nouveaux objets : les réservations, l'abonnement…, de nouveaux sujets : le contrôleur…, c'est renforcer le dispositif de l'épreuve. Selon le registre des objets, des sujets et la nature de leur mise en relation, l'épreuve se construit ou non dans un monde pur. L'épreuve modèle est justement celle qui touche à la pureté par la cohérence des sujets ou objets mobilisés. Le test d'une machine, dans le monde industriel, mettant aux prises ingénieurs, techniciens et opérateurs, est une épreuve modèle. Le lancement d'un nouveau produit mettant à l'épreuve les vendeurs, les gens du marketing, les techniciens, autour des valeurs du marché en est une autre. On y voit bien jusqu'où chacun est prêt à aller pour obtenir le résultat attendu : une part de marché suffisante, la colère et l'admiration des concurrents, les primes de résultats…

• *La figure harmonieuse*, c'est l'arrêt sur (l')image (symbolique) du « monde ». La famille unie autour du père, la République et la citoyenneté, l'entreprise comme système complexe et performant… voilà trois figures symboliques des mondes domestique, civique et industriel. Dans ces figures harmonieuses se développe une forme de *relation* dite *naturelle* ; c'est la plus fréquente, celle qui est attendue de tous.

LES MONDES COMMUNS

(adapté de *De la justification, les économies de la grandeur*), par L. Boltanski, L. Thévenot, Paris, Gallimard, 1992.

	Inspiration	**Domestique**	**Opinion**	**Civique**	**Marchand**	**Industriel**
Principe supérieur commun	Se soustrait à la mesure. Jaillit de l'inspiration	Relations personnelles, hiérarchie tradition	L'opinion des autres	Prééminence des collectifs	Concurrence	Objet technique et méthode scientifique, efficacité, performance
État de grandeur	Spontané, insolite, échappe à la raison	Bienveillant, avisé	Réputé, connu	Représentatif, officiel	Désirable, valeur	Performant, fonctionnel
Dignité	Amour, passion, création	Aisance, bon sens	Désir de considération	Liberté	Intérêt	Travail
Répertoire des sujets	Enfants, artistes	Supérieurs, inférieurs, ascendants…	Vedettes	Collectivités	Concurrents, clients…	Professionnels
Répertoire des objets	Esprit, corps…	Préséance, cadeaux…	Noms, marques, messages	Formes légales	Richesse	Les moyens
Formule d'investissement (prix à payer)	Risque	Devoir	Renonce au secret	Renonce au particulier, solidarité	Opportunisme	Investissement, progrès
Rapport de grandeur	Singularité	Subordination, honneur	Identification	Adhésion, délégation	Possession	Maîtrise
Relations naturelles	Rêver, imaginer	Éduquer, reproduire	Persuasion	Rassemblement pour une action collective	Relations d'affaires, intéresser	Fonctionner
Figure harmonieuse	Imaginaire	Famille, milieu	Audience	République	Marché	Système
Épreuve modèle	Aventure intérieure	Cérémonie familiale	Présentation de l'événement	Manifestation pour une juste cause	Affaire, marché conclu	Test
Mode d'expression du jugement	Éclair de génie	Appréciation	Jugement de l'opinion	Verdict du scrutin	Prix	Effectif, correct
Forme de l'évidence	Certitude de l'intuition	Exemple	Succès, être connu	Texte de loi	Argent, bénéfice	Mesure
État de petit	Routinier	Sans gêne, vulgaire	Banal, inconnu	Divisé, isolé	Perdant	Inefficace

Ainsi, au quotidien, dans le monde civique, la relation des personnes s'opère sur le registre de l'argumentation pour convaincre, de la manifestation collective pour exprimer l'existence d'une cause et d'un collectif la défendant. Dans le monde domestique, la relation est déférente du petit vers le grand, protectrice du grand vers le petit. Dans un monde, que la figure harmonieuse symbolise, il y a toujours une *forme de l'évidence*. Elle repose par exemple sur l'intuition dans le monde inspiré, sur l'exemplarité dans le monde domestique, sur le texte de loi dans le monde civique, etc. Enfin, le *mode d'expression du jugement*, différent selon les mondes, est un indicateur du type de vecteur par lequel s'expriment les personnes émettant un avis sur ce qui se passe dans leur monde. Le scrutin est la forme typée de l'expression du jugement dans le monde civique, le prix juge l'objet dans le monde marchand, l'outil scientifique de mesure (chronomètre, cadran...) renferme le jugement industriel. Des images comme celles d'« indicateurs », de « clignotants », de « tableau de bord » évoquent ce qui est chiffré, objectivable, ce qui permet la « maîtrise », dans le monde industriel.

Les auteurs observent ainsi la mise en œuvre, aujourd'hui en France, de six principes, créant six mondes. Le tableau ci-contre synthétise les caractéristiques de ces six mondes en reprenant la grille proposée.

Une lecture à partir du monde industriel

Les différents mondes, on l'a vu, mobilisent des systèmes d'équivalences très différents. Ils sont, dans leurs formes pures, étanches les uns à l'égard des autres. Il est impossible de trouver des coordinations entre personnes restant chacune dans leur monde respectif. Ainsi, se plaçant du point de vue du monde industriel, on peut penser que :

– le monde de l'inspiration est vu comme source de gâchis, son imprévisibilité, liée à l'improvisation, est plus brouillonne que géniale ; le créateur est un illuminé au comportement inconséquent…

– le monde domestique illustre l'immobilisme : l'ancien, le traditionnel, c'est ce qui est dépassé ; l'univers domestique, c'est le « Moyen Age » ; le savoir-faire des hommes de métier, caractérisant l'ordre domestique, devient l'abomination du « pifométrique » ;

– le monde du renom ou de l'opinion[1], c'est le cabotinage des vedettes au mépris de la rigueur de ce qui est scientifique, c'est aussi le goût du spectacle, de l'événement, au détriment de la profondeur véritable ;

– le monde civique souffre de la lourdeur de ses règles, de procédures administratives inefficaces ; le civique, c'est la contrainte tatillonne (de l'inspecteur du travail visitant une PME par exemple) ;

– le monde marchand, c'est l'absence de vérité du prix d'un produit ; c'est le caprice du marché et l'incroyable décalage entre la valeur réelle (coûts de production) et la valeur marchande.

On voit ainsi sur cet exemple comment, en se fondant sur un monde pur, les autres mondes apparaissent comme éloignés et peu compatibles.

D'où la nécessité de s'interroger sur le « mélange » des mondes, et sur les conditions de production des coordinations

1. Les auteurs n'évoquent jamais la critique qui, du monde industriel, pourrait être émise à propos du monde du renom. Elle nous paraît toutefois possible, en toute cohérence avec les principes de chacun des mondes ; c'est pourquoi nous l'esquissons au-delà du travail des auteurs eux-mêmes.

(accords et compromis) entre mondes. Lorsque le conflit, la discorde, la controverse surviennent, comment réajuster la situation ?

LES FONDEMENTS DE L'ACCORD : DE LA CONTROVERSE AUX COMPROMIS

En dehors de l'utopie d'un monde pur sans discorde, les personnes peuvent entrer dans, au moins, trois types de relations :

– la controverse survient dans un même monde ;

– une juxtaposition de plusieurs mondes survient dans une même situation mais ne crée pas de conflit ;

– au contraire, la dispute éclate de la confrontation des mondes.

Dans les trois cas, les formes de coordination mises en œuvre sont particulières. Nous les illustrerons dans le cadre de l'entreprise.

La discorde dans un même monde

Les mondes purs seraient en principe sans heurt, sans conflit. Mais cette situation est irréelle ; les controverses surgissent y compris dans un même monde. Pour les clore, le retour au principe supérieur commun après engagement d'une épreuve s'impose.

Prenons pour exemple une réunion entre cadres et techniciens dont la finalité consiste à fixer des objectifs de production. Un désaccord surgit alors sur la fiabilité à accorder à une machine dont les performances sont diversement appréciées. Chacun s'entendant sur la nécessité de rechercher l'efficacité et la performance au moyen de la technique et de la science (principe supérieur commun du monde industriel), la machine sera donc testée. On engagera une épreuve (test technique) où les objets (instruments de mesure, chronomètres, ordinateurs...) et les sujets (ingénieurs, chercheurs, techniciens...) ayant l'état de grandeur requis seront mobilisés. On peut penser que, même si la dispute a été ferme, les résultats seront acceptés par tous, la controverse pourra ainsi s'éteindre.

Les personnes du même monde ont un même système d'équivalences, se déplacent dans une grandeur identique ; aussi accordent-ils au réel la même signification. Les objets sont identifiés et hiérarchisés de façon compatible. Les engager dans une épreuve (le test de la machine), c'est réactiver le principe de réalité. Les résultats ne seront pas sujets à caution si l'épreuve n'a pas été dénaturée (a-t-on bien mesuré la fiabilité de la machine ?).

L'exemple pris plus haut de ces deux voyageurs ayant la même réservation de train, s'engageant plus avant dans l'épreuve en recourant aux tickets de transport, aux réservations, à l'abonnement et enfin au contrôleur, donnent également à voir le cas de figure où, dans un même monde (en l'occurrence industriel), on recherche un accord dans la confrontation d'objets et de sujets qui sont considérés comme fiables par les protagonistes. Si l'un des deux protagonistes choisissait la force pour résoudre le problème, alors le modèle des conventions ne serait pas opératoire. Si en revanche les deux voyageurs avaient opté pour un partage équitable du temps passé en place assise (une heure chacun pour un trajet de deux heures), c'est dans la grandeur civique (équité, solidarité...) que la controverse aurait alors trouvé moyen de sa clôture... mais aurait semblé bien étrange !

Des mondes différents sans discorde

Dans cette situation, les deux mondes se jouxtent mais jamais l'épreuve n'est engagée pour résoudre le conflit. Les coordinations se sont trouvées à l'intérieur des mondes et ceux-ci s'évitent ou se rencontrent dans des relations médiatisées par des sujets et des objets non conflictuels. Dans cette entreprise familiale, par exemple, règne, dans les ateliers, la grandeur domestique. Les compagnons s'ajustent autour de leur possession du métier, les anciens transmettent oralement un savoir-faire qu'aucune procédure formelle ne peut enfermer. Les produits sont connus sur le marché depuis de nombreuses années, aucune politique de marketing n'est jugée nécessaire. Puis, peu à peu, l'entreprise s'essouffle, il lui faut de nouveaux clients. Une force de vente est constituée. Elle sera chargée d'augmenter la diffusion des produits, elle aura pour objectif l'accroissement du chiffre d'affaires. Tant que les commerciaux ne s'emploient pas à toucher aux logiques de production en vigueur dans les ateliers, tant que les rythmes d'expédition ne sont pas modifiés, les deux mondes vont cohabiter sans heurt. La discorde éventuelle ne surgira qu'au moment où les commerciaux suggèrent l'acquisition de nouvelles machines pour transformer le produit ou pénétrer plus vite le marché. Ainsi des mondes différents peuvent cohabiter sans discorde, mais l'équilibre reste provisoire[1]. On peut aussi analyser dans ce sens certaines devises ou slogans d'entreprises, dont l'ambiguïté révèle parfois la coexistence

1. Un cas analogue peut être trouvé dans l'ouvrage de P. Bernoux : le cas Bolet (Bernoux 1985) ; cf., *infra*, p. 234.

de plusieurs « mondes » (par exemple : « être à la pointe des techniques… au service de nos clients », ou bien « un groupe mondial, citoyen dans chaque pays… »).

La controverse entre mondes

Dans les organisations, le conflit dont l'origine peut être retrouvée dans la rencontre de mondes différents est, incontestablement, le cas de figure le plus fréquent. Trois types de solutions peuvent alors être recherchés : la clarification s'opère dans un seul monde, un arrangement local est trouvé, un compromis est obtenu, est « frayé [1] ».

La clarification dans un monde

Pour illustrer cette situation, nous allons prendre appui sur un exemple tiré d'une intervention en milieu hospitalier [2]. Dans un service d'hématologie où l'on pratique la cancérologie psychosociale (consistant à accorder une place toute particulière à l'accompagnement psychologique du patient, lequel n'est donc pas appréhendé comme « support » d'une maladie mais bien comme un être sensible), une controverse surgit entre un médecin, chef de clinique, et les infirmières (infirmières diplômées d'État). Le premier souhaite soigner, jusqu'au bout, un patient qui apparaît être en phase terminale

1. « Frayer » un compromis est une des formules qu'affectionnent les conventionnalistes, sans doute pour souligner que cette forme de coordination d'action se construit dans la friction (l'origine latine de frayer est *frictiare*) et non simplement dans le renoncement et la compromission.
2. Intervention conduite par M. Caze, S. Lucas et G. Herreros.

aux infirmières. Il multiplie les protocoles (traitements codifiés à un niveau international et qui peuvent varier selon les pathologies, selon les réactions physiques du patient), les examens, dont la plupart sont douloureux.

Dans la logique du médecin, son désir de soigner aussi longtemps que possible participe non seulement de son devoir de praticien, mais permet aussi de faire progresser sa connaissance scientifique des traitements.

Pour les infirmières, ce comportement est considéré comme jusqu'au-boutiste. Le traitement renforce les souffrances du malade, transforme son agonie en calvaire, soumet son entourage, sa famille, à une épreuve insupportable. Le soin devient pour les infirmières un acharnement thérapeutique inutile. Ces dernières refusent alors d'appliquer les consignes du médecin : le conflit éclate.

Dans ce service, les patients atteints de maladies chroniques reviennent régulièrement et souvent des années durant. Ils sont réhospitalisés dans la même salle, retrouvent donc les mêmes personnels. L'optique de cancérologie psychosociale conduit par ailleurs les soignants à établir des rapports de proximité avec les malades. Le service est « une grande famille ». Dans ce service, « le monde domestique » domine. Le médecin chef de service est un personnage charismatique, adulé de tous, sorte de « père » pour les malades comme pour les personnels. Ici les relations sont bienveillantes, le principe supérieur commun c'est la dignité humaine du patient.

Le médecin chef de clinique testant ses protocoles en même temps qu'il tente de sauver le patient n'est pas dans le même monde que celui décrit précédemment. Ses préoccupations d'ordre scientifique le plongent dans l'univers « industriel ». Toutefois, la prégnance du domestique et l'acceptation par tous, y compris par le médecin concerné, de ce que nous avons décrit comme un principe supérieur unificateur dans ce service permettra de résoudre la discorde. Devant la souffrance du patient et de ses proches rejaillissant sur les infirmières, l'épreuve du traitement prolongé apparaît inadaptée à la situation. Le médecin se rangera finalement à la position des infirmières et cessera ses essais de protocoles. La controverse se clôt dans un même monde.

L'arrangement

Dans les situations d'« arrangement », contrairement au cas précédent, chacun reste dans son « monde » mais les partenaires parviennent à se mettre d'accord localement sur une transaction. Il s'agit là d'un marchandage plus ou moins explicite, qui « arrange » les deux parties. On peut trouver au sein des entreprises, ou dans leurs relations entre elles, de nombreuses situations qui illustreraient ce cas.

Pour prendre un exemple d'arrangement entre mondes civique et industriel, on pourrait citer les modalités concrètes de fonctionnement des instances représentatives du personnel dans certaines unités de production. L'agent de maîtrise et le délégué syndical peuvent être tacitement d'accord sur certains horaires ou certains déplacements dans l'usine. On ne cherche pas à recourir à un principe commun (il risquerait de ne pas y en avoir…), mais on accepte de part et d'autre un fonctionnement informel qui « satisfait » les parties.

Deux problèmes sont évidemment posés dans ces arrangements :

– ils ne sont pas généralisables (pour les généraliser, il faudrait qu'ils soient justifiables au nom d'un principe supérieur commun aux deux parties, ce qui n'est pas le cas) ;

– ils sont provisoires, sujets à changements liés aux personnes en jeu ou aux caractéristiques contingentes de la situation.

De plus, une situation peut survenir constituant une « épreuve » pour l'arrangement local établi. Par exemple, on peut imaginer qu'il s'effondrera brutalement si, par malheur, le délégué syndical a un accident à un moment où il circule dans un atelier en vertu de cet arrangement.

Chaque partie aura tendance alors, plutôt que d'avouer son existence, à brandir le principe qui est le sien dans son « monde » (l'ordre et la production d'un côté, l'accusation de « délit d'entrave » de l'autre), et le conflit gagnera de l'ampleur.

Le compromis

Le compromis, quant à lui, est une forme d'accord plus durable. Il vise un « bien commun » qui dépasse les « grandeurs » en présence, qui établit un certain dosage du mélange entre elles, et associe réellement les registres d'action des acteurs concernés.

On peut retrouver, à partir de chaque monde, des figures classiques du compromis réunissant un monde avec un ou plusieurs autres.

Par exemple, l'existence de « droits des travailleurs » résulte d'un compromis entre mondes civique et industriel. Ou encore on pourrait dire que l'élaboration d'un produit de série vendable est toujours le fruit d'un certain compromis marchand/industriel.

Une illustration peut être trouvée dans l'analyse du cas de l'obtention d'un crédit par un jeune entrepreneur, voisin d'un des administrateurs de la caisse de crédit locale et fils d'un homme connu dans la région[1]. La qualification de l'emprunteur peut ressortir d'une logique domestique (voisin, ami, fils de, homme de confiance, sérieux...) et d'une logique industrielle (dossier bien monté, équipement moderne, résul-

1. A. Wissler, « Les jugements dans l'octroi de crédit », *in* L. Boltanski, L. Thévenot *et al.*, *Justesse et Justice dans le travail*, Paris, PUF, 1989.

tats chiffrables, développement d'une entreprise, etc.). Un compromis associant les deux va être trouvé sur ce dossier-crédit par les acteurs en jeu : on lui accordera sans doute ce crédit au nom du fait qu'« un ami de la famille peut être un client solvable ».

Pour que ces compromis soient stables, il faut qu'ils soient consolidés par des « dispositifs ». Ces dispositifs consistent à extraire des objets relevant de plusieurs mondes et à les associer ensemble pour construire quelque chose de commun dépassant leurs mondes d'origine.

Deux cas peuvent être observés :

– Prendre des objets relevant de différents mondes et les doter d'une identité propre, susceptible ainsi de dépasser l'opposition originelle. On pourrait invoquer comme illustration certaines structures de type « groupes de projet », susceptibles de créer, à partir de principes supérieurs communs différents (par exemple : civique, marchand, industriel), une logique commune. Plus le groupe se construit de manière autonome, plus il a de chances de surmonter les divergences d'origine. Les auteurs ajoutent d'ailleurs que cela est d'autant plus facile que l'on peut y faire rentrer des qualités « équivoques », c'est-à-dire acceptables dans plusieurs mondes (par exemple, les notions d'autorité, de responsabilité, de considération s'appliquent dans plusieurs mondes).

– Construire un objet innovant associant les deux logiques : une illustration proposée en est la résolution (partielle) du conflit entre le mode de production traditionnel du camembert (produit artisanal, rôle de la famille, savoir-faire traditionnel…) et le mode industriel (qualité homogène, grandes quantités…), grâce à l'invention d'une machine automatique de moulage[1].

1. P. Boisard et M.-T. Letablier, « Un compromis d'innovation dans l'industrie laitière », *ibid*.

Dans ce cas, les deux « mondes » sont articulés dans un dispositif durable capable de maintenir ce « compromis ».

En prolongement de cette analyse des compromis, deux réflexions peuvent être faites :

– Certains dispositifs ne peuvent être fondés que sur la prééminence acceptée d'un monde « tiers » par rapport aux deux mondes initiaux en conflit. Cette articulation de deux mondes hostiles au départ suppose que cette troisième dimension soit au moins présente et puisse servir de monde de référence commun. Dans le cas du fromage, on pourrait avancer que mondes domestique et industriel ont fini par produire ensemble quelque chose (cette machine) parce que la nécessité de vendre, de satisfaire un marché (monde marchand) était acceptée par les deux parties.

– La construction de ce compromis nécessite peut-être des acteurs ayant des caractéristiques particulières. Le directeur technique de la coopérative laitière, qui est le principal auteur de cette machine, est quelqu'un qui, par ses origines et ses compétences, peut être considéré comme légitime dans les deux « mondes » d'origine. Il est donc particulièrement bien placé pour établir un pont entre les deux (il a une « grandeur » reconnue dans les deux mondes, pour utiliser le vocabulaire des auteurs) et dépasser – au moins partiellement – les divergences. Il détient également des atouts pour mettre en œuvre un compromis durable, que quelqu'un émanant d'un seul monde n'aurait sans doute pas.

Nous illustrerons par un cas d'entreprise l'importance de ces « investissements de forme » pour réussir à concrétiser et stabiliser ces dispositifs.

La rupture d'une articulation « inspiration »-« marchand » dans une agence de design

L'agence XY est une agence importante de design et packaging, connue pour sa contribution à des campagnes prestigieuses. Le secteur « création » y est peu structuré, chaque concepteur ayant une large autonomie et développant ses talents particuliers, liés à certaines techniques, ou à une prédilection particulière pour certains types de produits. L'activité commerciale y est assurée par deux dirigeants de la société dont l'un est un ancien « créatif ».

Sur chaque dossier, la synthèse nécessaire entre les besoins du client, la proposition créative du concepteur et la préoccupation de facturation n'est jamais facile. La « présentation » d'une proposition à un client est une épreuve modèle d'un monde où coexistent en tension l'inspiration et le marchand. Les réunions préparatoires à ces présentations, les réceptions où le client rencontre le créatif chargé de son dossier et un dirigeant commercial contribuent à l'articulation entre ces mondes, tout comme la double légitimité de l'un des dirigeants.

Les résultats sont positifs et l'agence attire la candidature de « créatifs » de valeur, y compris venant de l'étranger.

Compte tenu de changements du marché et pour développer une action commerciale, décision est prise de recruter des « chargés de clientèle », de formation commerciale. Rapidement, les conflits entre « créatifs » et « commerciaux » se développent sur la conduite de chaque dossier. De plus, les chargés de clientèle « ramènent » des affaires quelquefois rentables mais jugées par la « création » comme indignes de la réputation esthétique de l'agence (« on fait de la soupe »).

La direction est perçue comme voulant donner du poids à la logique marchande. Peu à peu, les rapports avec les clients deviennent le monopole des chargés de clientèle, qui « passent commande » de travaux aux concepteurs. Ceux-ci récusent évidemment leur compétence. Plusieurs gros budgets sont perdus à cause de ces tensions. Deux des meilleurs concepteurs démissionnent. Le turn-over de la « création » s'accélère, mais aussi celui des « commerciaux », jeunes diplômés soucieux de saisir d'autres opportunités et de fuir des conflits trop nombreux.

Le compromis, que cette agence avait appris à faire vivre, se trouve ainsi rompu, et sans doute durablement.

APPORTS ET LIMITES DES EG COMME GRILLE D'ANALYSE DES ORGANISATIONS

Pour le gestionnaire, cette approche nous semble incontestablement pouvoir être éclairante.

L'entreprise : lieu de plusieurs mondes

On voit clairement que l'entreprise est un lieu où tous ces mondes peuvent être présents, et pas seulement le monde marchand et le monde industriel (qu'il est d'ailleurs intéressant de bien distinguer). Au sein d'un même groupe industriel, le « créatif » du service publicité ou design, la secrétaire et ses « copines de bureau », le P-DG vedette de la presse économique, le secrétaire du comité d'entreprise, le vendeur terrain et l'ingénieur méthodes se situent dans des mondes différents, en tout cas dans de nombreuses situations. Ils situent leur action et cherchent à régler leurs éventuelles « disputes » à l'intérieur d'un monde dominant, même si dans d'autres situations chaque individu doit bien se retrouver dans des mondes différents (l'ingénieur dans une réunion de créativité, le designer pensant aux débouchés commerciaux, etc.).

Bien que cette idée ne soit pas nouvelle, la réaffirmation de l'hétérogénéité des logiques présentes dans l'entreprise ne peut qu'être saluée, à un moment où les mythologies consensuelles battent leur plein.

L'entreprise est ainsi vue comme un lieu où s'expriment de manière naturelle des différences de logiques. Des justifications multiples sont avancées par les acteurs et, à chaque fois, des formes d'accords ou de compromis vont être nécessaires. On voit bien à travers cette analyse, si besoin était à nouveau, combien est illusoire le recours à des idéologies managériales unificatrices, soumises de plus à des modes rapidement renouvelées (projet, excellence, qualité totale, etc.).

On peut douter aussi, dans cette approche, que le développement des techniques de communication, en soi, puisse suffire pour résoudre les conflits. La reconnaissance des principes communs, les processus de recherche de solutions en cas de litiges ne passent pas seulement par l'amélioration de l'expression et de la communication entre individus que nous enseignent les psychosociologues dans leurs nombreux séminaires. Ils supposent un décodage approfondi de ces logiques et la construction – souvent patiente – de dispositifs complexes.

La grille de lecture fournie permet d'aider à l'analyse des situations dans lesquelles se trouvent engagés les acteurs : qui sont-ils ? quels objets-clés comptent pour eux ? quelles dimensions de leurs univers sont les plus importantes ?

En prolongement de l'analyse sociologique des organisations « classique[1] », ce questionnement permet d'affiner l'étude des positions de chacun, celle de la stratégie des

1. Position qui serait bien sûr rejetée par les auteurs…

acteurs, notamment dans le cadre d'un conflit. On peut considérer en effet que cette approche permet de compléter les questions classiques que l'analyse des organisations nous incite à poser pour comprendre une situation (quels sont les acteurs ? quels enjeux ont-ils dans la situation présente ? de quelles ressources disposent-ils ? etc.). Les questions à ajouter, dans l'idée de cette grille enrichie, seraient :

– Quels sont les personnes et les objets en présence ?

– Quels sont les « rapports de grandeur » en présence ? Comment évoluent-ils ?

– Y a-t-il des « principes supérieurs communs » à l'œuvre ? Lesquels ? Comment s'articulent-ils ? Y a-t-il des « épreuves » qui les manifestent ?

– Quels compromis existent ? Sur quels dispositifs sont-ils fondés ?

Cette approche peut permettre de mieux voir dans quels termes peuvent émerger les nécessaires compromis.

L'intérêt de cette approche est aussi d'aborder directement la problématique de l'accord, alors que la sociologie traditionnelle a dans une large mesure privilégié l'analyse du conflit et que les sciences de gestion ont longtemps ignoré l'un et l'autre, au nom de la rationalité.

Bien sûr, elle laisse de nombreux points dans l'ombre, on l'a vu notamment dans la deuxième partie : comment, par quels processus, avec quelles ressources, selon quelles stratégies la « clarification » dans un monde peut-elle intervenir[1] ? Comment faire émerger un arrangement local ? Cependant, on voit bien qu'il y a là les prémisses d'une théorisation possible de la construction des accords, et les développements sur les « dispositifs », même insuffisants à l'heure actuelle dans les travaux des EG, constituent une voie intéressante. Il ne s'agit en effet pas seulement de favoriser la négociation,

1. C'est notamment l'une des critiques formulées par E. Friedberg (1993).

ce à quoi nous appellent depuis longtemps les sociologues. Il faut réfléchir sur les formes (sociales, organisationnelles, institutionnelles pourrait-on ajouter) qui vont rendre cet accord durable à travers une innovation sur les « dispositifs » possibles : on rejoint là une préoccupation constante du gestionnaire, qu'on retrouve de plus en plus actuellement dans plusieurs thèmes récents, non seulement dans les relations internes à l'organisation, mais surtout dans les rapports inter-organisationnels (évolution des formes d'accord sur le plan juridique, importance des relations de confiance dans les rapports fournisseur-client, etc.).

Une application des « formes de coordination » et des « mondes » à la gestion du personnel

On sait que les EG sont liées à l'approche par les « modes de coordination » proposée par les économistes conventionnalistes. Celle-ci met l'accent sur la dynamique d'ajustement des actions et les modalités par lesquelles certaines formes de coordination se stabilisent (Eymard-Duvernay 1990).

Ces formes de coordination peuvent relever d'un principe commun dominant, ou plus souvent d'une combinaison de plusieurs principes. Cette approche a été utilisée pour élaborer des typologies de « gestion de la main-d'œuvre », selon le mode dominant de coordination (et/ou le principe supérieur commun dominant).

A titre d'exemple, on peut citer l'analyse faite par C. Bessy (1991) du recours aux licenciements économiques en fonction des caractéristiques structurelles des entreprises (secteurs, types d'activité...), qui distingue cinq types de gestion de la main-d'œuvre :

– le type industriel (importance des équipements, planification des activités et gestion à long terme de la main-d'œuvre ; exemple : pétrole, construction aéronautique...) ;

– l'industriel-domestique (importance des équipements et forte ancienneté du personnel) ;

– l'industriel-marchand (recours au marché externe du travail, influence du marché : imprimerie, biens d'équipement) ;

– le marchand-domestique (PME en milieu rural, ancienneté du personnel) ;

– le type marchand (activités de services, environnement urbain, faible qualification du personnel ; par exemple : commerce et distribution).

L'auteur y montre quelle forme de coordination est la plus compatible avec le recours structurel au licenciement pour motif économique : par exemple, le mode marchand, ne reposant pas sur une relation de travail durable, trouve d'autres formes d'ajustement de ses effectifs, alors que le taux de recours au licenciement économique est beaucoup plus fort dans les entreprises du type « industriel-domestique » (où la mobilité de la main-d'œuvre n'est plus suffisante pour répondre aux exigences du marché) et « marchand-domestique » (où les défaillances d'entreprises sont les plus nombreuses).

De même, B. Reynaud et V. Najman (1992) s'inspirent des « mondes » pour élaborer une typologie des formules salariales actuelles, et voir en quoi il y aurait rupture nette par rapport au passé ou bien plutôt « bricolage ».

A propos de la compatibilité théorique

Malgré l'apport original des travaux de L. Boltanski et L. Thévenot, ceux-ci ne prennent toute leur dimension que dans la mesure où ils sont réarticulés au corpus théorique classique de la sociologie des organisations. Nous allons tenter de démontrer ici qu'il est possible d'articuler les travaux des conventionnalistes à ceux de M. Crozier et E. Friedberg. D'un point de vue épistémologique et méthodologique tout d'abord, puis sur le plan conceptuel ensuite, l'analyse des économies de la grandeur nous paraît pouvoir être perçue comme compatible – et complémentaire – avec l'approche stratégique.

Le parti pris compréhensif

La perspective que retiennent L. Boltanski et L. Thévenot relève, selon les auteurs eux-mêmes, d'une sociologie non critique. En effet, le parti pris qu'ils affichent de s'en tenir aux justifications des acteurs – recueillis par entretiens lors d'une enquête de terrain – pour comprendre la nature des dispositifs dans lesquels ils déploient leurs actions relève de la volonté épistémologique de ne pas douter de la pertinence du jugement de celui qui s'exprime sur ce qu'il fait, sur ce qu'il vit. *A contrario* d'une sociologie critique qui tenterait de débusquer, par-delà le propos des acteurs, le sens véritable, caché, de ce qu'ils entreprennent, les auteurs admettent que la signification des justifications avancées par leurs interlocuteurs est la seule qui puisse être reconnue. Dans ce sens, le chercheur se référant aux EG adopte une position que l'on peut qualifier de compréhensive, au sens wébérien du terme. Le sociologue n'a pas compétence à désigner le sens de ce qu'il analyse par-delà celui qui lui est signifié. Il se contente de rassembler les pièces – les témoignages –, de les ordonner et d'en donner une lecture globale. Il ne s'autorise aucune interprétation-déformation, aucun jugement, aucune recherche historico-génétique sur les matériaux collectés. Le sens donné par les personnes à ce qu'elles font est retenu comme fondateur de la situation dans laquelle elles sont[1]. Malgré les remarques critiques qu'E. Friedberg semble formuler sur une telle position (*Le Pouvoir et la Règle*, p. 307-309), il semble utile de souligner au contraire qu'il y a, selon nous, une grande similitude entre cette démarche et celle de l'analyse stratégique classique. En effet, l'ascèse du terrain recommandée par M. Crozier, l'importance qu'il attache à ne pas travestir le propos des acteurs pour retrouver, au terme de l'analyse, les logiques de fonctionnement d'un système, renvoient au même souci d'un respect quasi « exégétique » de la parole recueillie. Être à l'écoute (« l'entreprise à l'écoute »), c'est s'attacher scrupuleusement au sens de ce qui est dit, afin, lors de la reconstitution finale, d'être au plus près des singularités du système étudié.

D'un point de vue méthodologique, l'entretien est donc central chez les auteurs comme chez les tenants de l'analyse stratégique ; d'un point de vue épistémologique, le statut du discours des acteurs entendus est, dans l'une et l'autre de ces deux perspectives, intouchable.

Même s'il est un peu sommaire de caractériser les grandes tendances sociologiques à partir d'une ligne de fracture qui verrait d'un côté les durkheimiens (positivisme, déterminisme, analyse critique), de l'autre les wébériens (phénoménologie, relativisme, analyse compréhensive), on peut, pour simplifier, considérer qu'un tel découpage permet de retrouver dans la même famille les tenants de l'analyse stratégique et les promoteurs des EG. Si on prend également en compte le peu d'importance accordé par l'une et l'autre de ces deux sociolo-

1. C'est d'ailleurs ce parti pris qui permet, entre autres explications, de comprendre les raisons pour lesquelles L. Boltanski et L. Thévenot n'accordent aucun statut explicatif particulier à l'histoire et à la culture dès lors que cette dernière notion est entendue comme force d'habitude, mécanisme de reproduction.

gies à l'histoire, à la culture, aux explications macrosociologiques prétendument éclairantes sur le « sens » des sociétés, on peut là encore observer leur « cousinage ». Enfin, lorsqu'on constate que, parmi les matériaux pertinents dans une analyse conduite soit en termes stratégiques soit à partir du modèle des EG, on retrouve en tout premier lieu une place essentielle accordée aux entretiens et une absolue fidélité du chercheur à leur contenu, on ne peut que conclure sur l'extrême proximité méthodologique et épistémologique des deux approches. On retrouve la même idée lorsqu'on confronte quelques-uns des concepts pivots des deux théories.

La confrontation conceptuelle

Il n'est évidemment pas dans notre intention de régler ici l'ensemble des questions théoriques que pose une confrontation des modèles d'explication tirés de l'analyse classique des organisations et de celle des EG. En revanche, si l'on tente de lire comparativement quelques-unes des notions clés mobilisées par l'une et l'autre approche, alors on peut apercevoir, en lieu et place d'une opposition radicale, une forme de complémentarité, voire une grande proximité. Nous allons illustrer cette affirmation en nous intéressant successivement aux couples de concepts suivants : acteur / personne, enjeu / principe supérieur commun, règles / conventions.

Acteur et personne

Si l'analyse des organisations met au centre de son dispositif conceptuel la notion d'acteur – entendu comme entité individuelle ou collective apte à s'appuyer sur une forme d'autonomie, de rationalité limitée, pour satisfaire des enjeux –, les EG tiennent à une distance respectable ce terme pour lui préférer celui de personne. En effet, dans l'index des matières de *De la justification*, le renvoi au concept d'acteur n'est pas proposé, les auteurs lui préférant la notion de « personne ». De même, dans le corps du texte, ce sont ces termes qui sont utilisés abondamment, ne laissant qu'une place tout à fait marginale et quasi accidentelle à celui d'acteur, que l'on ne retrouve que dans la postface (p. 425-427) qui est elle-même un rajout par rapport à la première version des EG (1987). Faut-il voir dans cette terminologie sélective le signe d'une quelconque incompatibilité irréductible des modèles ? Même si les auteurs laissent entendre que le raisonnement stratégique – et par là le recours à la notion d'acteur – est une forme d'analyse des rapports sociaux renvoyant à la violence – entendue comme rapport de forces –, se situant donc hors du champ qu'ils revendiquent, il n'en reste pas moins que le contenu qu'ils donnent au concept de personne demeure proche de celui auquel renvoie le concept d'acteur. En effet, pour les conventionnalistes, la « personne » possède une capacité à agir dans plusieurs mondes, abrite une pluralité (de façons) d'être(s) rendant possible une multitude de formes et de régimes d'action qui sont, selon nous, autant de registres de comportement. La « personne » comme l'« acteur » peuvent donc construire des stratégies en rapport avec l'appréciation faite de la situation qui les (où ils s') engage(nt). L'acteur construit les systèmes, lesquels limitent et définissent, pour partie, son champ stratégique ; la personne évalue les dispositifs dans lesquels elle déploie son comportement et choisit son régime d'action ; ce faisant, elle façonne la nature de ces mêmes dispositifs. La terminologie diffère, les notions ne se recouvrent pas à l'identique (par exemple, un système ne se confond pas nécessairement avec un dispositif, le premier pouvant englober plusieurs dispositifs), néanmoins la structure du raisonnement reste la même : c'est celle de la théorie de l'action (entendue comme la résultante d'une capacité des individus à ne pas se soumettre aux structures). A ce titre au moins, les deux corpus théoriques méritent beaucoup plus d'être rapprochés qu'appréhendés dans une logique d'exclusion réciproque.

Poursuivons cette tentative de lecture rapprochante en confrontant les notions d'enjeu et de principe supérieur commun.

Enjeu et principe supérieur commun

Nous avons exposé plus haut ce qu'il faut entendre par enjeu, du point de vue de l'analyse stratégique, et par principe supérieur commun (PSC), dans le cadre des EG, aussi nous ne nous étendrons pas sur une reprise des définitions possibles de ces concepts. Néanmoins, rappelons que, dans une première acception de ces notions, la contradiction semble dominer. En effet, le concept d'enjeu souligne ce qui distingue l'acteur, ce qui lui est propre, et, par voie de conséquence, ce qui le différencie d'autrui, alors que le PSC marque plutôt ce qui unit, ce qui rassemble les différentes personnes dans un dispositif d'action. Toutefois, par-delà les apparences, on peut tenter de remarquer que les enjeux peuvent aussi être communs entre des acteurs occupant des positions, des fonctions distinctes dans une organisation, et qu'à l'inverse le PSC ne fait en rien disparaître la singularité des registres sur lesquels évoluent les personnes. En d'autres termes, le recours au PSC, s'il permet d'établir des coordinations entre les sujets et les objets, n'est pas pour autant la négation des particularismes dont chacun peut continuer de se prévaloir. Formulé encore autrement, on peut considérer que les enjeux individuels ou collectifs peuvent continuer d'alimenter des jeux stratégiques et donc déboucher à tout moment sur une controverse entre les différentes parties sans pour autant interdire une forme de coordination des actions sur la base d'un principe reconnu comme supérieur par les acteurs en présence.

S'il n'y a pas de superposition de sens pour ces deux concepts, il n'y a pas non plus exclusion réciproque. Ils désignent deux niveaux distincts de la réalité sociale qui ne peuvent se concevoir l'un sans l'autre. Le PSC permet l'accord entre personnes sans effacer les enjeux particuliers des acteurs ; des enjeux concurrents ne rendent pas impossible l'établissement de conventions mobilisant un PSC.

Avec le terme de convention, nous débouchons sur le troisième rapprochement conceptuel que nous voudrions opérer.

Règles et conventions

Le débat ouvert sur la notion de règles, de conventions, pourrait conduire à de très longs développements en ce que sociologues, économistes, juristes se sont souvent confrontés sur ce terrain. De ces échanges émergent le sentiment d'une complexité, d'une certaine opacité dont il serait très présomptueux et sans doute des plus hasardeux de vouloir sortir. Aussi, plus modestement, nous allons nous employer, très simplement – et donc forcément de façon très réductrice –, à présenter une articulation possible et à vocation opératoire de ces deux termes.

Pour la sociologie des organisations classique, la règle est entendue comme principe de référence pour les acteurs. Qu'elle soit de contrainte (c'est-à-dire formelle et coercitive) ou autonome (c'est-à-dire informelle et contingente), elle permet aux acteurs d'ajuster ou de désajuster leurs comportements au sein de l'organisation. Pour atteindre les objectifs assignés sans perdre de vue leurs enjeux propres, les individus mobilisent ces règles et jouent avec elles. De ce jeu sur les règles peuvent résulter des situations de coordination ou de disputes, d'accords ou de controverses. De nouvelles règles – là encore de contrôle ou autonomes – ou de nouveaux jeux avec celles-ci, permettront de redéfinir le système d'action concret, entendu comme ensemble de règles.

La notion de convention, quant à elle, renvoie dans les EG à une règle d'accord, quelle que soit la nature de celui-ci. Ce qui est convention, explicite ou non, désigne une forme de coordination des actions que les personnes s'entendent à reconnaître comme juste au moins provisoirement. En ce sens, on peut donc considérer que la convention n'est qu'un type particulier de règle. Une convention est une règle de référence, un modèle d'accord, alors que, pour les sociologues de l'organisation, la règle peut aussi caractériser des formes d'action et de relations de désaccord.

Ainsi l'un des concepts clés des conventionnalistes devient-il dans une sociologie de l'entreprise la désignation d'une forme spécifique de règle. Là encore, derrière les oppositions théoriques apparentes peut se profiler une indispensable complémentarité.

Les limites de l'approche

L'ambitieuse approche des EG soulève un certain nombre de questions que nous ne pouvons aborder ici. Nous voudrions cependant souligner le risque qu'elle court à négliger les apports antérieurs de la sociologie.

D'un point de vue opératoire, l'abandon total, proposé par les auteurs, des explications habituellement apportées par la théorie de l'organisation, autour de la notion de culture et de celle de rapports de pouvoir, est bien sûr excessive. Il s'agit là en effet de clés de compréhension indispensables, que les auteurs, voulant à toute force éliminer, déprécient par le vocabulaire même qu'ils utilisent pour les qualifier. L'explication des comportements par les cultures est bien plus riche et féconde que ce qu'ils rejettent avec mépris sous le nom de « routine ». La « force », la « violence », quant à elle, est beaucoup plus présente qu'ils ne veulent bien le signifier, et l'on ne voit pas par quel coup de baguette magique on passerait d'une explication fortement centrée sur le « pouvoir » (issue de M. Crozier) à une explication sans « pouvoir » du tout...

Pour ce qui relève du rejet opéré par les auteurs de la notion de culture, celui-ci semble compréhensible – voire entièrement légitime – si la notion est entendue comme une permanence interdisant à l'acteur de changer de régime d'action dans sa relation avec autrui. En effet, si la culture renvoie à une structure intégrée, conditionnant de façon homogène, univoque et permanente les comportements, alors cette notion n'est effectivement pas compatible avec le raisonnement des EG. Dans une telle perspective, la référence au concept de culture fige à un point tel la capacité stratégique des personnes engagées dans l'action qu'elle devient une catégorie non opératoire pour saisir la pluralité, la diversité des positionnements individuels, dont la richesse n'a d'égale que le côté contradictoire des positions adoptées par un individu dans ses relations quotidiennes avec son environnement.

En revanche, si la culture est entendue comme une somme d'apprentissages sociaux et de projets, réinvestis, les uns et les autres, journellement par l'acteur dans son rapport au monde et aux choses, alors on voit mal comment cette dimension pourrait être occultée. De même, si par culture on fait référence à l'appartenance sociale, au positionnement dans le champ des rapports sociaux des différents acteurs, il devient difficile d'admettre la non-mobilisation de cette catégorie d'analyse pour saisir les raisons qui, en situation, conduisent les personnes à accepter tel ou tel système d'équivalences pour qualifier les objets, les individus et, de ce fait, entrer en accord ou en dispute avec autrui. Illustrons simplement le propos.

L'acteur en position de « retrait » (Sainsaulieu 1977) dans une entreprise peut refuser, par exemple, l'accord qui lui est suggéré par la direction de l'entreprise autour d'un projet d'établissement, en raison de la non-reconnaissance qu'il accorde aux objets et sujets avancés par ledit projet. Dans ce cas, la coordination des actions entre les parties en présence ne s'opère pas, en l'absence d'un principe supérieur commun. Ce qui importe pour les uns – en l'occurrence la direction de l'entreprise – est assimilé par les autres à des « trucs » ou des « machins ». Ici le cadre conceptuel des EG peut être utilisé, mais, pour autant, rien ne justifie l'abandon d'un recours à l'analyse des apprentissages et des projets des acteurs en présence. En effet, en la circonstance, le refus du projet d'entreprise relève aussi d'un calcul stratégique qui intègre ce que sont – socialement – les salariés, ce qu'ils savent, ce qu'ils veulent. Appartenance sociale, apprentissages antérieurs, nature des projets peuvent alors être particulièrement éclairants sur les choix qui sont les leurs. L'accord, la dispute se nourrissent aussi de la culture des acteurs, même si celle-là ne peut être considérée comme déterminante, au sens de détermination en « dernière instance ».

Sur la question du pouvoir, nos remarques vont dans le même sens.

A exclure, pour comprendre les coopérations fondées sur des conventions, les relations de pouvoir – entendues comme exercice de la violence, fût-elle symbolique –, on tombe dans une vision soit angélique, soit manichéenne de l'organisation. Tantôt celle-ci serait réduite à n'être qu'un champ clos de conflits et de rapports de forces, tantôt elle donnerait à voir des relations pacifiées « en justesse et en justice ». Ainsi comprise, l'entreprise devient soit un espace de collaborations objectives d'où les tensions sont exclues, soit un lieu de rivalités stratégiques sans coopération.

De notre point de vue, chaque situation organisationnelle est et reste en permanence un lieu de conflits de pouvoirs et d'élaboration de compromis, sans qu'aucune de ces deux configurations n'exclue l'autre. Lorsque le conflit éclate, le compromis et les conventions continuent de coordonner la relation entre les acteurs (ne serait-ce que, par exemple, parce que la grève sera préférée par les salariés au pain de plastic déposé sous la voiture du directeur !) ; lorsque l'accord préside aux relations de toutes les parties, la collaboration qu'il organise ne fait pas disparaître les calculs, les tensions, les oppositions, les controverses. Les logiques de coordination des actions dans l'entreprise ne se succèdent pas avec une harmonieuse alternance ; elles cohabitent, coexistent. A oublier cette dimension, on s'interdirait de percevoir la pluralité des jeux engagés par les acteurs. De la même façon, le manager nourrissant l'illusion de la permanence des accords dans l'organisation, tout comme celui qui n'envisagerait l'entreprise que comme un champ de bataille permanent et anarchique, perdrait en vigilance et en efficacité.

*

Bibliographie

Bernoux, P. (1985 ; 4e éd., 1993), *La Sociologie des organisations*, Éd. du Seuil.

– et Herreros, G. (1992), « Méthodologie pour l'intervention : la sociologie des logiques d'action », texte ronéotypé, GLYSI.

– et Herreros, G. (1993), « Le changement dans les organisations : entre compromis et pouvoir », *Gestion 2000*, n° 5.

Bessy, C. (1991), « Licenciements économiques et formes de gestion de la main-d'œuvre », *Lettre d'information du Centre d'études de l'emploi*, n° 33, juin.

Bigourdan, B., *et al.* (1992), *L'Entreprise d'insertion. Porte ouverte sur l'emploi*, Éd. Juris Service.

Boltanski, L. (1990), *L'Amour et la Justice comme compétence*, Paris, Métailié.

– et Thévenot, L. (1987), *Les Économies de la grandeur*, numéro des *Cahiers du Centre d'études de l'emploi*, Paris, PUF.

– et Thévenot, L. (1991), *De la justification*, Paris, Métaillé.

–, Thévenot, L., *et al.* (1989), *Justesse et Justice dans le travail*, numéro des *Cahiers du Centre d'études de l'emploi*, Paris, PUF.

Bourdieu, P. (1987), *Choses dites*, Paris, Éd. de Minuit.

Crozier, M. (1990), « Concept de système comme outil heuristique et comme paradigme du système social », *in* J.-D. Reynaud, F. Eyraud, C. Paradeise et J. Saglio (éd.), *Les Systèmes de relations professionnelles*, Paris, Éd. du CNRS.

– et Friedberg, E. (1977), *L'Acteur et le Système*, Paris, Éd. du Seuil.

Eymard-Duvernay, F. (1990), recension, « Les règles du jeu », *Revue française de sociologie*, vol. XXXI, n° 4/90, octobre-décembre.

Friedberg, E. (1993), *Le Pouvoir et la Règle*, Paris, Éd. du Seuil.

Linhart, R. (1978), *L'Établi*, Paris, Éd. de Minuit.

Reynaud, B., et Najman, V. (1992), « Les formules salariales actuelles. Bricolage ou transformation radicale du fordisme ? », *Travail et Emploi*, n° 51.

Sainsaulieu, R., (1977), *L'Identité au travail*, Paris, FNSP.

– et Tixier, P.-É. (1983), *La Démocratie en organisation*, Paris, Librairie des Méridiens.

LE CAS LINEX [1]

1. L'entreprise

L'entreprise Linex est une des principales entreprises françaises du petit électroménager. Elle emploie 1 800 salariés et réalise un CA d'environ un milliard de francs.

Le secteur de l'électroménager voit la croissance de son marché se ralentir depuis quelques années. C'est un secteur très concurrentiel, marqué par sa saisonnalité et la rapidité du cycle de vie de ses produits. Les facteurs clés de succès y sont l'obtention de prix serrés, l'innovation, la rapidité dans le lancement de produits nouveaux, les capacités d'exportation.

Linex est depuis toujours considérée comme une entreprise innovante et est souvent la première à lancer un nouveau produit sur le marché mondial. Elle a vécu cependant dans le milieu des années quatre-vingt de grosses difficultés financières. Selon ses dirigeants actuels, les difficultés étaient dues :

– à un ralentissement général du marché (saturation) ;

– à une productivité insuffisante, liée à l'archaïsme de certaines méthodes ;

– à la très difficile introduction d'une politique marketing, aboutissant au lancement de produits inadaptés au marché ;

– au cloisonnement entre marketing, recherche-développement et production, ralentissant la préparation et l'industrialisation de nouveaux produits.

Ces difficultés conduisent l'entreprise à une énorme réduction d'effectifs. En onze ans, de 1977 à 1988, l'effectif total passe de 4 400 à 1 800 personnes : primes au départ, licenciements pour motif économique et FNE se succèdent pour y parvenir. Une des usines est définitivement fermée. Le P-DG

1. Cas adapté du travail réalisé par P. Sarnin, chercheur dans le groupe ESC Lyon, dans le cadre d'un rapport ministère de la Recherche et de sa thèse de doctorat de sociologie, université Lumière Lyon II.

→

qui dirige l'entreprise de 1981 à 1988, outre ces mesures, favorise le développement d'investissements techniques, accroît le budget de la recherche-développement et de la formation.

2. L'usine de Saint-Martin en 1988

L'usine de Saint-Martin, située dans une petite ville industrielle et agricole[1], a subi la même évolution, et passe pendant la même période de 650 à 350 salariés.

Les 230 ouvriers et ouvrières (la majorité du personnel est composée de femmes) effectuent des tâches surtout de montage, accomplies selon différents types d'organisation (chaînes de type classique, postes individuels, groupes...). Il y a dans l'usine une vingtaine d'OP, 72 ETAM et 13 ingénieurs et cadres. La plupart des ouvrières viennent de l'industrie textile, dont elles gardent un mauvais souvenir.

Organigramme 1987

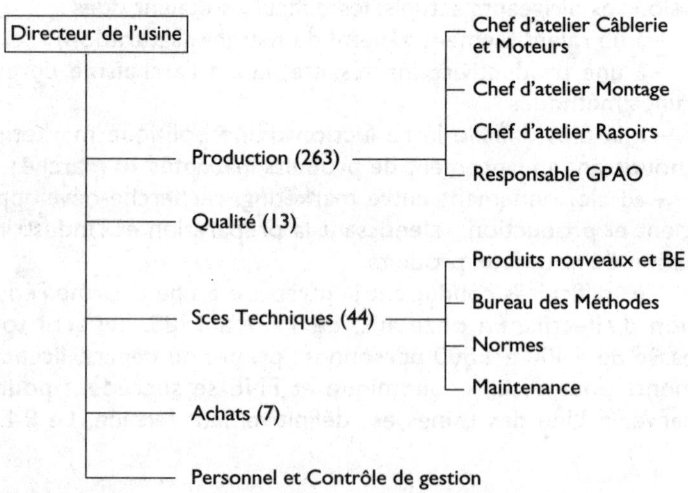

1. La présence syndicale (CGT et CFDT essentiellement) y est ancienne. Aucun conflit social grave n'y a été constaté dans les dix dernières années.

Le directeur de l'usine est un ingénieur, considéré comme compétent et de bon contact, et consacrant l'essentiel de son temps aux dossiers d'investissements. Le chef du personnel est un ancien contremaître.

Suite à une réorganisation, chaque usine de l'entreprise s'est vue affecter une famille de produits. Saint-Martin, considérée comme moins spécialisée, est à la recherche d'une vocation claire. On lui confie les produits appelés « tactiques », portant sur de petits volumes et exigeant une souplesse d'adaptation en fabrication. Mais tout le monde dans l'usine est conscient qu'elle a échappé de peu à la fermeture.

Une enquête par interviews réalisée en 1988 auprès du personnel met en évidence les points suivants :

– un certain pessimisme sur l'avenir de l'établissement est ressenti, y compris par l'encadrement ; on regrette l'arrêt des embauches, on guette l'arrivée du produit important qui pourrait fournir assez de travail pour sauver définitivement l'usine ;

– beaucoup d'ouvrières et d'agents de maîtrise critiquent la fabrication en petits volumes, de produits dont l'utilité et les chances de succès commercial sont parfois sévèrement jugées ; des préoccupations de qualité sont exprimées du fait des « gadgets fragiles » ; on se plaint des ruptures d'approvisionnement en pièces, qui perturbent constamment l'activité de montage et rendent difficile le travail de la maîtrise ;

– les changements fréquents de postes et de lignes de montage sont mal vécus par les ouvriers ;

– les chefs d'équipe sont très critiqués par les ouvrières, comme peu compétents et pratiquant le favoritisme, perturbant trop souvent les rythmes et habitudes acquis, notamment pour assurer ces changements ;

– la convivialité entre ouvriers est forte, mais les plus anciens en constatent le déclin ;

– les techniciens s'estiment peu considérés et se plaignent du temps passé à de la « gestion » ;

– l'attachement local (à la ville, à la région) est manifeste, mais le personnel constate le déclin industriel de la ville (le taux de chômage féminin y est de 12 %) ;

→

– les ingénieurs et cadres (dont la majorité n'habite pas sur place) constituent un groupe à part, se sentant moins concernés par l'avenir de l'établissement ;

– beaucoup d'ouvrières, dont l'ancienneté est élevée, parlent avec émotion du style de relations qui existait avec l'ancien encadrement de l'entreprise, dont le contact était plus direct et l'accessibilité plus grande ;

– un début d'individualisation des salaires ouvriers est mis en œuvre, tenant compte de la productivité et du présentéisme ; elle est fortement combattue par les syndicats.

Il est à noter par ailleurs que l'absentéisme a tendance à décroître et que les conditions de travail se situent dans la moyenne du secteur.

3. Les changements

Le nouveau président-directeur général nommé en 1989, M. Francillon, est un homme de terrain qui travaille depuis près de vingt ans dans l'entreprise. C'est un autodidacte, ancien ouvrier, passionné par la technique et « bourreau de travail ». Son idée est de tout miser sur l'innovation, dont il sait qu'elle a été une force de l'entreprise. Pour ce faire, il veut rapprocher tous ceux qui ont à contribuer à l'élaboration de nouveaux produits, en cherchant à constituer des gammes structurées sur des produits à forte valeur ajoutée.

Il change la structure de l'usine, en donnant plus de pouvoir à la production, en supprimant le bureau des Méthodes (cf. organigramme). Le directeur de l'usine et le chef du personnel sont mutés hors de l'usine. Le nouveau directeur de l'usine, qui vient d'une autre usine, prend en charge la production en direct. Il décide de créer des « comités-produits » où travaillent ensemble hommes du marketing et techniciens de la production et de la qualité. Les groupes se réunissent le plus souvent à l'usine.

Le P-DG accorde une grande importance au suivi détaillé des projets et à leur délai. Tous les mois, il se déplace à l'usine et, accompagné du directeur industriel, entend en audition les différents chefs de projet qui font le point sur l'avancement de leurs travaux. Les séances suscitent un stress énorme chez les techniciens et cadres concernés qui redoutent cet « examen de passage ».

L'entreprise acquiert un brevet sur un produit très original, un robot dont les pièces sont fabriquées en dehors de l'usine, mais qui est monté sur de nouvelles chaînes de fabrication. Le technicien qui avait participé au groupe-projet correspondant est nommé chef de cet atelier, chargé de l'industrialisation, de la mise au point des gammes et des lignes de montage, du recrutement et de la formation des ouvrières.

Les ventes démarrent très bien. La production de ce produit, assurée par des postes individuels, est confiée exclusivement à des ouvrières intérimaires. Celles-ci étonnent par le niveau de rendement qu'elles atteignent rapidement, ce qui suscite des réactions pour le moins variées de la part des ouvriers et ouvrières anciens. « Elles font les temps tout de suite, elles nous font du tort », dit une ouvrière.

La composition du personnel est, en 1990, la suivante :

– 280 salariés permanents ;

– 80 personnes en intérim ou CDD (à certaines pointes d'activité, le nombre d'intérimaires a atteint 180).

Les lignes de production des autres produits sont restructurées autour de chaînes classiques avec une plus grande régularité de la production. Certains produits atteignent maintenant 125 modèles différents.

Il n'y a plus que deux chefs d'ateliers. Plusieurs agents de maîtrise et chefs d'équipe partent en retraite anticipée et ne sont pas remplacés. Deux techniciens « méthodes » de l'ex-bureau des Méthodes sont affectés en production, pour y assurer la jonction de manière mieux articulée avec la production. La direction de l'usine décide de créer le poste de « monitrice » (il y en a 10). Il s'agit d'une ouvrière expérimentée qui continue à travailler, en jouant un rôle d'organisation et de contrôle des « fiches d'activités ». « On est plus dans la chaîne, on se rend compte, elles [les ouvrières] craignent un peu plus », dit une monitrice.

→

De même, la gestion quotidienne du personnel (contrôle des absences, congés, rendement) est confiée à l'encadrement de production et les tâches du service du personnel allégées d'autant. On nomme comme responsable des Achats-Approvisionnement un ancien contremaître de production, très sensibilisé sur les conséquences fâcheuses qu'avaient auparavant les ruptures d'approvisionnement. Il est très présent dans l'atelier.

Il y a un nouveau chef du personnel, arrivé en même temps que le directeur d'usine. Ces deux hommes ont bonne réputation auprès de l'encadrement. Le directeur crée un laboratoire destiné à contribuer à l'accroissement de la qualité et recrute un technicien pour le diriger.

Organigramme 1990

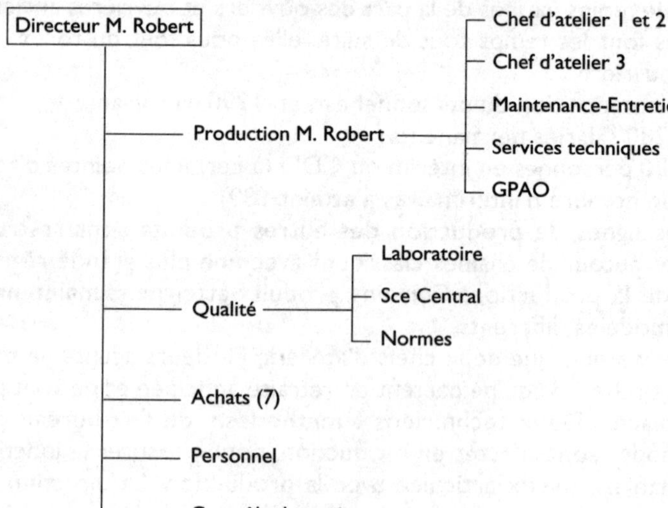

L'enquête menée en 1990-1991 auprès du personnel, dans les mêmes conditions que la première, révèle un certain nombre d'éléments spécifiques :

– la présence fréquente du président dans l'usine tranche avec les habitudes de son prédécesseur et est très bien perçue ; il connaît bien l'encadrement et n'hésite pas à passer de longs moments dans les travées en discutant avec les ouvrières ; il lui arrive de téléphoner directement aux Achats ou aux magasins pour obtenir une information ;

– les ouvrières considèrent qu'elles ont plus de contact avec la hiérarchie (« on s'occupe de nous ») mais sur certaines lignes elles ont moins de possibilité de « faire de l'avance » ; de même, il y a moins de possibilités de « s'arranger entre nous » ;

– beaucoup, surtout dans l'encadrement, ont l'impression qu'enfin la production « reprend le dessus », et que les « gens » du marketing, venant du siège, imposeront moins leur point de vue : « On ne prend plus six mois pour décider avec des tas d'études de marché » ;

– le volume de production du nouveau robot, bien que réalisé par les intérimaires, paraît rassurer quelque peu sur l'avenir de l'usine, qui se voit enfin dotée d'un produit majeur ; il y a quelquefois des demandes d'heures supplémentaires, acceptées facilement ; mais on préférerait la création de postes permanents... et on ne sait pas si le produit a une longue vie devant lui ;

– la place des techniciens est confortée, mais ils sont soumis à de fortes pressions et se plaignent de moyens limités ; il y a eu plusieurs démissions de jeunes techniciens ;

– le personnel ne voit aucun investissement nouveau ; les ingénieurs et cadres considèrent l'équipement comme fréquemment obsolète et aspirent à avoir des moyens supérieurs ;

– les moments de convivialité (« casse-croûte, arrosages ») ont disparu.

En matière de politique sociale, M. Francillon impulse un changement très net.

L'individualisation partielle des salaires ouvriers est implicitement abandonnée. La direction accepte d'intégrer progressivement la partie variable, ce qui satisfait les syndicats, hostiles depuis le début à cette mesure.

Les cercles de qualité, peu actifs, ont complètement disparu.

→

Les horaires de travail, qui avaient fini par être différenciés suite à l'application de l'horaire variable (il y avait 14 types d'horaires), sont ramenés à une formule unique (qui réduit le traditionnel temps du déjeuner), sauf pour une ligne, qui travaille en 2 × 8 (ce qui est nouveau). L'intention du président est de permettre une meilleure coordination entre les services.

Les contacts de la direction avec les syndicats sont fréquents et paraissent renforcer la CGT, dont le secrétaire de la section syndicale se targue d'avoir « accès direct » au président. Les réunions du CE se multiplient, pour discuter des réorganisations en cours.

Au même moment, le leader « historique » – respecté de tous – du syndicalisme à l'usine dans les vingt dernières années se retire du militantisme. La CFDT perd la majorité aux élections au profit de la CGT.

Un accord sur les salaires est signé en 1990 par tous les syndicats.

Un nouveau contrat d'intéressement a été signé mi-1990. Le personnel a touché au titre de 1989 un total intéressement-participation de l'ordre d'un mois de salaire, ce qui ne s'était pas vu depuis longtemps.

Un nouveau produit est élaboré entièrement à l'usine, avec de bonnes perspectives commerciales.

QUESTIONS

1. Quelles sont les caractéristiques des changements mis en œuvre (contenu, processus...) ?

2. Quelles modifications des acteurs se mettent en place autour de ce changement ?

3. Quelles sont, à votre avis, les conditions de réussite de ce changement ?

4. Quels effets inattendus ce changement peut-il produire ?

GUIDE D'EXPLORATION

Ce cas souligne les changements d'organisation et de politique de gestion du personnel liés au « sauvetage » et au redéveloppement d'une usine. On peut y analyser les nouvelles stratégies industrielles mises en œuvre et s'interroger sur les répercussions qu'elles peuvent avoir sur le fonctionnement humain de l'usine (évolution des fonctions, type de relations entre les unités, climat social, etc.).

Ce cas soulève aussi la question des conditions de la « réussite » du nouveau président : comment a-t-il pu faire accepter des décisions dont certaines ne pouvaient être qu'impopulaires ? Quelles alliances et oppositions sont à l'œuvre ? Quelle est l'attitude des syndicats ? Quelles sont les forces et faiblesses de ce type de management ?

Ce cas peut être traité avec deux approches :

– une approche stratégique et culturelle, analysant les enjeux pour chaque acteur (le président, l'encadrement de l'usine, les techniciens, les syndicats...), distinguant les stratégies à l'œuvre, les alliances et oppositions actuelles ; on pourra aussi analyser les cultures ouvrières, le type d'organisation auquel elles étaient adaptées et les changements auxquels elles sont aujourd'hui confrontées ;

– une approche par les conventions et accords : on y verra quelles sont les « grandeurs » en présence, et l'évolution vécue par cette usine dans les rapports de grandeur et les « principes supérieurs communs ». Il est possible d'utiliser certains critères de la grille d'analyse des « mondes » pour repérer comment se mettent en place de nouveaux compromis (par exemple autour des « comités-produits »). On pourra analyser également le rôle et la légitimité personnelle du président par rapport à la nouvelle articulation entre les « mondes » à l'œuvre.

Enfin, une réflexion peut être menée sur les évolutions possibles de la situation et les risques qui peuvent menacer les dispositifs mis en œuvre.

3

Une sociologie de la traduction[1]

Le sociologue de l'organisation et de l'entreprise s'appuie depuis deux décennies sur un corpus théorique – déjà qualifié plus haut de corpus classique – en grande partie tourné vers la compréhension des jeux de pouvoir. Ainsi M. Crozier, E. Friedberg, R. Sainsaulieu, malgré la singularité de leurs analyses, proposent tous trois d'appréhender l'entreprise comme un espace de relations, un champ d'affrontements et de coopérations où chacun tente de maximiser ses gains ou, à tout le moins, de ne pas dilapider ses ressources. Si un auteur comme J.-D. Reynaud met plutôt l'accent sur le thème de la régulation, il n'évacue pas pour autant la question du pouvoir, détour obligatoire de l'analyse ; la régulation conjointe (Reynaud 1988) des ensembles organisationnels résulte des tensions entre règles autonomes et règles de contrôle, elle ne peut être reconstituée qu'après l'étude de ces tensions.

Dans tous les cas, les sociologues « classiques » de l'entreprise attachent une attention toute particulière aux conditions à partir desquelles l'organisation trouve ses régulations. Ils mettent l'accent sur le « prix » de l'équilibre et sur son caractère temporaire. Dans la perspective qui est la leur, les sys-

1. Ce chapitre doit beaucoup à de nombreux échanges avec J. Estades, laboratoire SERO, INRA.

tèmes apparaissent soit fragiles, minés et construits à la fois qu'ils sont par les conflits, soit ankylosés par les stratégies d'acteurs cherchant à défendre leurs positions… En d'autres termes, le corpus classique de la sociologie des organisations et de l'entreprise invite le plus souvent à considérer les régulations comme fragiles et humainement coûteuses ou bien comme synonymes de lourdeurs bureaucratiques. De ce point de vue, l'accord (entendu comme une forme de régulation) dissimule toujours un rapport de forces et constitue donc, en tant que figure de stabilité, un quasi-artifice ; par voie de conséquence, on comprend qu'il devient difficile de lui conférer un statut théorique véritable, à la différence du concept de pouvoir.

Bien évidemment, il n'est pas dans notre intention de rejeter ce corpus classique de la sociologie des organisations ; en revanche, nous nous assignons le projet de pointer quelques-unes de ses insuffisances et tout particulièrement sa quasi-cécité sur la question des conditions de production de l'accord entre acteurs. Les travaux de L. Boltanski et L. Thévenot (cf. chapitre précédent) avaient déjà été présentés comme susceptibles de combler cette lacune. C'est dans une perspective analogue que seront appréhendés les travaux de M. Callon et de B. Latour.

Si les deux auteurs ne placent pas au centre de leurs préoccupations l'entreprise ou l'organisation, leur préférant une réflexion d'ensemble sur l'émergence des faits scientifiques et les réseaux qui les portent, ils n'en suggèrent pas moins une théorie permettant de lire les systèmes d'action organisée. En ce sens, leurs travaux les font entrer de plein pied dans la communauté des spécialistes de l'organisation en même temps qu'ils fournissent un indispensable complément au corpus classique de la sociologie des organisations. Quelles sont les conditions à partir desquelles les acteurs d'une situation quelconque peuvent se retrouver en convergence autour d'un changement ou d'une innovation ? Telle est la question centrale à laquelle les auteurs se proposent de répondre. Ce faisant, s'appuyant sur des développements qui fournissent des éclairages tout aussi utiles au sociologue qu'à l'homme de gestion – attachés l'un et l'autre à la compréhension des entreprises et de leurs systèmes d'action –, M. Callon et B. Latour théorisent sur les mécanismes de production (la traduction) de la coopération, dont l'une des formes abouties se décline sous la figure du réseau irréversibilisé. Dans les pages qui suivent seront exposés les caractéristiques de cette sociologie, puis les fondements de son rapprochement avec les théories précédentes.

LA SOCIOLOGIE DE L'INNOVATION : UN PROCESSUS SOCIO-TECHNIQUE

Depuis la fin des années quatre-vingt[1], M. Callon et B. Latour ont développé, à partir du Centre de sociologie de l'innovation (CSI) de l'École des Mines de Paris, une sociologie dont l'originalité est assez largement admise. Il ne semble pas abusif d'évoquer à son propos qu'elle marque la naissance d'une nouvelle école théorique qui peut être qualifiée indistinctement de sociologie de la traduction, de sociologie des réseaux technico-économiques (socio-techniques), ou bien encore de sociologie de l'innovation.

Réfléchissant sur les conditions de production de la science,

1. Il est toujours difficile de dater avec une grande précision la naissance ou l'apparition d'un courant théorique ; en effet, en 1974 déjà M. Callon développait la notion de traduction (Callon 1974-1975). Toutefois, il semble préférable de retenir le texte de 1986 (Callon 1986), évoquant l'aquaculture en baie de Saint-Brieuc, comme fondateur.

les deux auteurs et leurs collègues s'inscrivent en rupture avec la tradition épistémologique ; leurs démonstrations s'appuient sur des analyses de cas toujours très décapantes, et conduisent à une véritable méthodologie non seulement d'analyse mais aussi d'élaboration de réseau. M. Callon et B. Latour permettent ainsi au raisonnement sociologique d'être à la fois centré sur l'analyse des processus sociaux et en même temps de devenir un quasi-outil de gestion et d'aide à la conduite de projets [1].

Réseau et traduction : intentions et notions de base

Au commencement, les auteurs tentent d'apporter des éléments de réponse à la question fondatrice de l'épistémologie : qu'est-ce que la science ? Plus précisément, là où les épistémologues tentent de comprendre ce qu'est la science constituée, M. Callon et B. Latour s'emploient à reconstituer les processus par lesquels la science se construit. Ainsi suggèrent-ils un voyage dans les coulisses des faits scientifiques, dont l'émergence et la forme restent inintelligibles si n'est pas reconstituée l'histoire des controverses et disputes auxquelles ils ont donné lieu.

Les deux auteurs se positionnent en marge des traditions de l'épistémologie (« De quelques refus »), puis proposent quelques notions et concepts qui constituent le socle de leur théorie (« Les propositions de base »).

1. Les deux auteurs ont par le passé eu l'occasion d'intervenir pour le compte de grands groupes industriels qui souhaitaient familiariser leurs cadres à la conduite de projets. Dans ce contexte, la sociologie des réseaux apparaissait comme un dispositif à vocation opérationnelle, un outil de gestion pour les cadres.

De quelques refus

En un rapide tour d'horizon, les auteurs se démarquent des principaux théoriciens contemporains de l'épistémologie.

Premier refus

Selon eux, la logique de la découverte scientifique ne peut se laisser saisir par les raisonnements qui articulent les structures fondamentales de la pensée et l'état de la société. En d'autres termes, se trouvent réfutés, pour les mêmes raisons :

– le mathématicien, philosophe et historien des sciences A. Koyré, dont l'œuvre insistait sur la nécessité de ne pas séparer l'histoire et la science (*Études galiléennes*, 1965) ;

– E. Cassirer, dont l'*Essay on Man* (*Essais sur l'Homme*, 1975) revisite son néokantisme pour montrer que la science comme la philosophie reflète la culture d'une époque ;

– E. Panofsky (*Architecture gothique et Pensée scolastique*, 1967) qui, s'inspirant de Cassirer, estime qu'on ne comprend pas une discipline sans la référer à l'état historique d'une civilisation qui dicte toutes les « formes » sociales (symboliques, artistiques...).

C'est dans un même mouvement que M. Callon et B. Latour rejettent l'idée d'une homologie structurale entre science et société et les explications déterministes visant à mobiliser les facteurs externes à la science pour expliquer les conditions et les formes de son émergence. Ce n'est pas la Florence du XVIe siècle qui produit Galilée, et plus généralement ce ne sont pas les conditions matérielles d'existence qui produisent la (con)science. Premier positionnement épistémologique, suivi par une seconde proposition heurtant cette fois les « papes » de l'épistémologie classique.

Deuxième refus

G. Bachelard (1938) et K. Popper (1985) eux-mêmes, préférant retrouver les conditions de (re)production de la science dans ses lois et mécanismes internes (les ruptures, la falsifiabilité), sont réfutés par les sociologues du CSI. Selon ces derniers, les deux épistémologues sont trop polarisés sur la méthodologie des sciences et survalorisent ainsi la place de l'internalité dans les processus de la production scientifique. Il ne suffit pas pour surmonter les obstacles épistémologiques de se doter d'une méthode objective permettant de déjouer les pièges tendus par l'expérience première ou la connaissance unitaire… pas plus que ne suffisent les techniques de rupture avec le sens commun ou les prénotions pour que soit garantie l'accession à la scientificité.

Leur rejet du rationalisme appliqué n'entraîne pas pour autant une irrésistible sympathie pour l'élève indiscipliné de K. Popper qu'était P. Feyerabend. Son romantisme épistémologique, prônant l'anarchie méthodologique et la théorie du « tout est bon », ne rencontre pas plus de succès que les travaux précédemment mentionnés.

Troisième refus

De manière plus générale, c'est la pensée critique dominante de notre « modernité » qui est mise à distance. Les tendances à la « naturalisation », à la « sociologisation », à la « déconstruction » (Latour 1991) de notre prétendue modernité sont simultanément rejetées.

La « naturalisation » consiste à donner les faits comme incontournables. La nature les porte en elle, ils sont tangibles, ils sont ; ni les discours, ni la société ne peuvent rien à cela. Dans cette perspective, la science peut tarder à rencontrer les faits de nature, les méconnaître, les déformer, mais en dernière instance ceux-ci s'imposent. La « naturalisation », c'est l'illusion naturaliste.

La sociologisation (P. Bourdieu) est aux antipodes de la naturalisation dans la mesure où cette tendance de la pensée critique insiste sur les mécanismes d'imposition. Ici, il n'y a ni contenu, ni fait, ni science, ni texte en soi. Tout est jeu de pouvoir, ce qui en résulte n'est qu'effet de domination. Le fait se confond avec la loi du plus fort. Le Prince (symbolique de la puissance) dit ce qui est.

Enfin, la tendance à la « déconstruction » (J. Derrida), refusant toute idée de vérité, pas plus à propos des faits de nature que du pouvoir, rejetant toute idée de connaissance comme illusion du locuteur, est également tenue en lisière de la sociologie de la traduction. Son relativisme excessif n'est pas recevable...

Refus successifs, mise à distance des formes classiques de l'épistémologie et de la pensée critique, les deux auteurs se positionnent en marge de la production sociologique. B. Latour, en pourfendeur de la modernité (Latour 1991), propose d'en finir avec les cloisonnements de toutes sortes et notamment ceux résultant de cette inadmissible « ontologie de purification » qui conduit à découper en tranches l'étude des situations : d'un côté les humains, de l'autre les non-humains. M. Callon poursuit dans la même voie : aux économistes l'étude des marchandises, des informations, des machines (entités non humaines), aux sociologues les acteurs, leurs intérêts, leurs enjeux [cf. Callon, *in* Latour (éd.) 1992, p. 59].

Les deux auteurs veulent en finir avec ce « Yalta » de l'analyse qui ne permet pas l'appréhension des situations dans toute leur complexité... Les réseaux technico-économiques, socio-techniques, qui portent les faits scientifiques et les innovations techniques ne peuvent se laisser découper en tranches… L'épistémologie, comme l'innovation, mais aussi, ajouterions-nous, comme toute réflexion sur les conditions de production du changement dans des systèmes d'action organisée, suppose une autre méthodologie, une autre sociologie.

Les notions qui suivent en dessinent les contours.

Quelques notions clés

La singularité de la sociologie de la traduction peut s'entrevoir à travers l'examen de quelques-uns de ses notions et concepts les plus usités. L'inventaire qui suit, par son aridité ou son abstraction, doit être perçu comme un détour obligé.

Le réseau

Depuis quelques années, les ouvrages, les articles multiplient les références à la notion de réseau. Le plus souvent, l'acception de ce terme ne donne lieu à aucune définition particulière. Le sens commun tient lieu de repère unique. Chez les sociologues de l'innovation, cette notion est érigée en concept et fait l'objet de nombreuses tentatives d'éclaircissements. Le réseau est une « métaorganisation » rassemblant des humains et des non-humains mis en intermédiaires les uns avec les autres ; c'est en saisissant les situations comme « un ensemble d'entités humaines ou non humaines, individuelles ou collectives, définies par leurs rôles, leur identité, leur programme » [Callon, *in* Latour (éd.) 1992, p. 55] – c'est-à-dire en les retrouvant sous la forme de réseaux plus ou moins lacunaires –, que l'on peut accéder à leur compréhension.

Ainsi, « la notion de réseau est un bon candidat pour

prendre le relais de catégories antérieures comme celles de sphère d'activité, d'institution, d'organisation » *(ibid.)*.

Pour illustration provisoire de cette notion servant à appréhender les situations, on pourrait évoquer le débat à propos du « trou » dans la couche d'ozone. Ce phénomène saisi dans une logique de réseau suppose que soit reconstituée toute la chaîne qui relie : les photos satellites, le constat des scientifiques sur le « trou » en question, la controverse avec les météorologistes qui nient l'influence de ce phénomène sur le climat, l'entreprise qui fabrique les bombes aérosols, le consommateur qui se vaporise chaque matin, en toute bonne conscience, dans sa salle de bain.

Reconstituer le réseau, c'est éviter de découper la question en tranches, c'est chaîner toutes les entités qui participent du problème. Derrière cette mise en relation (le chaînage) se profile la notion de traduction.

La traduction

Dans le langage courant, traduire renvoie à une opération qui consiste à transformer un énoncé intelligible en un autre énoncé intelligible pour rendre possible la compréhension de l'énoncé initial par un tiers. La traduction est réussie si elle n'a pas engendré un détournement de sens... Pour les sociologues de l'innovation, ce qui relève de la traduction s'inscrit tout à fait dans le cadre de cette définition générale, à ceci près que l'opération ne concerne pas nécessairement le passage d'une langue à une autre mais toute forme de recomposition d'un message, d'un fait, d'une information. Si on s'en tient aux textes de M. Callon et B. Latour, la traduction est définie comme une relation symbolique « qui transforme un énoncé problématique particulier dans le langage d'un autre énoncé particulier » (Callon 1974-1975, p. 19) ; « l'opération de traduction est du type : pour résoudre le problème A, il est nécessaire d'apporter une solution au problème B, car la résolution du problème A suppose que soient levées telles ou telles difficultés liées pour telle et telle raison à la résolution du problème B » *(ibid.)*. Ainsi comprise, la traduction devient un mouvement « qui lie des énoncés et des enjeux *a priori* incommensurables et sans communes mesures » (Callon et Latour 1991, p. 32). Pour conserver l'exemple évoqué précédemment à propos du trou d'ozone, on pourrait illustrer l'opération de traduction en rapprochant :

– les travaux des chimistes spécialisés sur la haute atmosphère et œuvrant au remplacement des chlorofluorocarbones, accusés de crime contre l'écosphère ;

– la revendication d'un collectif d'écologistes se mobilisant pour le droit des générations futures ;

– ou bien encore la réunion de quelques chefs d'État de grands pays industrialisés se mettant à traiter pêle-mêle de développement, de réfrigérateurs, de gaz inertes, de traités internationaux, de chimie, de politique économique… (Latour 1991, p. 7).

En première approche, la traduction peut être introduite comme une opération permettant « d'établir un lien intelligible entre des activités hétérogènes » [Callon, *in* Latour (éd.) 1992, p. 65] ; en recourant à cette notion, il devient possible de reconstituer ces réseaux que la raison ne peut ignorer. Cette reconstitution passe par l'analyse des controverses.

La controverse

Cette notion, dont nous avons vu qu'elle est largement mobilisée par les conventionnalistes (cf. L. Boltanski et L. Thévenot, chapitre précédent), est au cœur de la sociologie de l'innovation. C'est par la controverse que s'élaborent les faits ; elle précède toujours l'émergence d'un énoncé scientifique, d'une innovation, c'est donc en l'étudiant que l'on peut saisir « le fait en train de se faire ». Dans l'histoire des controverses s'enracinent le fait, son usage, ses formes d'existence. Dit autrement, c'est le processus qui commande le fait, lequel ne dit rien, en lui-même, sur lui-même et ne présente aucune qualité intrinsèque lui permettant d'exister en tant que fait. Le propos peut sembler obscur ; son importance pour saisir la sociologie de M. Callon et B. Latour est telle qu'il faut s'attarder un instant sur ce point.

Pour les auteurs, une découverte scientifique, une innovation technologique et par extension toute forme de changement ne peut se comprendre dans sa réussite ou son échec à partir de ses propriétés propres. C'est le cheminement dont il a été l'objet qui permet de saisir ce dont il est porteur. Un fait lorsqu'il est créé devient une boîte noire qui ne donne rien à voir d'elle-même. Pour l'analyser, il convient soit de le suivre en train de se faire, soit de l'ouvrir et de reprendre les controverses qui l'ont précédé ; ce sont elles qui portent le sens et le contenu du fait. Recourir, de façon générale, à un état du social ou de la société pour saisir les conditions à partir desquelles le fait s'est stabilisé revient à inverser l'ordre de la compréhension. Ce n'est pas l'état de la nature qui dicte la clôture d'une controverse autour d'un fait, d'une découverte, d'un changement, mais l'accord sur le fait qui dicte l'état de la nature ; de même, ce n'est pas l'état d'une société qui dicte l'accord entre acteurs mais l'accord qui stabilise la société et, ce faisant, la dicte. Les formes de développement et de règlement éventuel d'une controverse sont cause des équilibres et déséquilibres de la nature et de la société, leur état respectif sont des conséquences symétriques des conditions de la (non-)clôture des controverses (Latour 1989, p. 426). Quelques exemples du raisonnement peuvent être avancés :

– face à l'exhortation : « choisissez la machine la plus efficace », Latour substitue : « décidez en quoi l'efficacité doit consister » ;

– à l'affirmation suivante : « une fois que la machine marchera tous les gens seront convaincus », le même rétorque : « la machine marchera quand tous les gens seront convaincus » ;

– enfin, à la proposition selon laquelle « lorsque les choses sont vraies elles tiennent », le sociologue répond : « lorsque les choses tiennent elles commencent à être vraies » (Latour 1989, p. 19-24).

Ainsi, la reconstitution des processus par lesquels se font les faits suppose l'analyse des controverses ; cette entrée est jugée par les auteurs comme l'« entrée royale » (Callon et Latour 1991, p. 26), elle seule permet d'ouvrir la boîte de Pandore.

Avec la notion d'entre-définition, le raisonnement vient se compléter.

L'entre-définition

Le fait est donné par le réseau qui le porte, lequel n'existe que par le fait autour duquel il se forme. Avec cette proposition pourrait se préciser la notion d'entre-définition. Contenant (contexte) et contenu s'épaulent pour exister ou s'ensevelir mutuellement. La solidité du fait dépend de l'irréversibilité du réseau, elle-même liée au degré d'ancrage du fait. Pour illustrer librement le propos, on peut suggérer que la thèse d'Einstein concernant la relativité n'existe en tant que fait scientifique que lorsqu'un réseau se trouve pour la porter. Avant d'être constituée en tant que théorie scientifique elle n'est, au mieux, qu'une intuition, au pire, qu'une élucubration. A l'inverse, la « théorie » selon laquelle l'eau aurait de la mémoire (J. Benveniste), n'ayant jamais eu de réseau pour la porter, n'est pas reconnue en tant que fait scientifique.

Par extension du raisonnement, on peut dire qu'un changement dans une organisation tient sa pertinence du degré de cohésion qu'il suscite. Ses vertus, sa qualité lui sont données par sa seule force d'entraînement ; c'est à son surgissement qu'il faut œuvrer pour avoir un changement de qualité.

Cette notion d'entre-définition laisse entrevoir une forme de dialectique. Ce terme, aujourd'hui éculé, cède le pas, dans la sociologie de la traduction, à celui de symétrie.

Le principe de symétrie

Nos auteurs avancent, parmi d'autres, deux propositions fondamentales :

– les réseaux sont des dispositifs d'action mêlant humains et non-humains ;

– les faits scientifiques puisent leur légitimité en dehors d'eux-mêmes.

Les exemples qui vont suivre illustreront ces suggestions, mais il est d'ores et déjà possible d'en apercevoir quelques-unes des conséquences principales : la sociologie de la traduction exige de l'analyste, d'une part, qu'il accorde autant d'importance aux sujets qu'aux objets, et, d'autre part, qu'il traite la question de l'échec ou de la réussite dans les mêmes termes méthodologiques. Cette posture est dite de symétrie généralisée.

Ainsi pour Callon et Latour les entités d'un réseau sont à la fois distribuées, assignées et leur caractère humain ou non-humain n'est pas une ligne de partage pertinente entre eux. Les objets peuvent être investis et affectés (fonction, rôles) au point de devenir d'incontournables figures animées disposant d'une âme ; à l'inverse, les humains peuvent être « chosifiés » (l'esclave, le déporté...), traités en non-humains. Dans les deux cas, il convient de garder la mesure en accordant le même intérêt à tous les actants[1] du système étudié.

De la même façon, la sociologie de la traduction invite à ne pas tracer de frontières *a priori* entre science et non-science, à ne pas sombrer dans le mythe de la science pure de tout mythe. Citant M. Serres, « il n'est de pur mythe que l'idée d'une science pure de tout mythe » (Serres, *in* Latour 1989, p. 127), B. Latour rappelle qu'il convient de traiter avec la même constance tous les faits sociaux. Ainsi, par exemple, la psychologie et la parapsychologie doivent être soumises à la même méthodologie afin d'estimer leurs mérites respectifs ; de même, pour comprendre le phénomène du trou dans la couche d'ozone tout comme pour appréhender le mystère de l'apparition des OVNI, il faudra mobiliser la même rigueur. Symétrie et équité de traitement vont de pair.

Ces notions et concepts, présentés de façon statique, peuvent être mis en mouvement à travers deux illustrations puisées dans les récits de M. Callon et B. Latour et de quelques-uns de leurs collègues.

DEUX ILLUSTRATIONS : DES MICROBES AU MÉTRO

Les deux exemples choisis ici relatent successivement, et assez librement, l'échec d'un projet de métro « révolutionnaire » (Latour 1992) et l'histoire d'une querelle scien-

1. B. Latour suggère cette notion d'actant ; il en fait une conséquence du principe de symétrie et un rempart contre l'anthropomorphisme : « Je propose d'appeler actants tous ceux, humains et non humains, qui sont représentés, afin d'éviter le mot d'acteur, trop anthropomorphique » (Latour 1989, p. 131).

tifique opposant F. Pouchet à L. Pasteur à propos de la génération spontanée (Farley et Geison, *in* Callon et Latour 1991).

Aramis

A la fin des années soixante, des « ingénieurs Matra » œuvrent à la réalisation d'un métro révolutionnaire ; il est un compromis inattendu entre transport individualisé et transport en commun. Aramis (Agencement en Rames Automatisées de Modules Indépendants dans les Stations) doit désengorger la capitale, et plus généralement le centre des grandes villes, tout en répondant à la demande des voyageurs souhaitant une amélioration de la qualité et de la rapidité du transport. Les partenaires de l'opération sont nombreux et non des moindres. La RATP pourrait être l'acquéreur et l'exploitant de ce métro ; l'Aéroport de Paris est un autre client potentiel ; la ville de Paris, le conseil régional Ile-de-France sont également « preneurs ». Le ministère des Transports soutient le projet et participe à son financement.

De 1969 à 1987, ingénieurs, techniciens, hommes politiques, commis de l'État... vont s'efforcer de résoudre les problèmes techniques, financiers, politiques, qui surgissent, et ils ne manquent pas.

Pendant près de vingt ans, les partenaires du projet multiplient les solutions chaque fois qu'un obstacle menace Aramis. Une ligne expérimentale est réalisée à Orly ; elle est inaugurée, visitée, par les plus hautes autorités de l'État qui viennent découvrir le métro du futur. Les moyens financiers sont donnés et des milliards de francs seront engloutis dans l'opération. Pourtant, au bout du compte, le projet est abandonné fin 1987. Qui a tué Aramis ?

L'étude *post-mortem* est confiée à B. Latour. Il ne peut être question ici de reprendre l'ensemble des éléments de la nécrologie détaillée qu'il dresse. Néanmoins seront relatées, parmi les étapes de son récit, celles permettant notamment de rendre compte du modèle d'analyse utilisé.

Le projet se heurte immédiatement à une foule de difficultés.

Répondre à la préoccupation des voyageurs qui souhaitent pouvoir se déplacer d'un point A à un point B sans aucun arrêt pose de sérieux problèmes. De petites rames de deux places doivent être conçues et attelées entre elles de façon immatérielle pour permettre aux unes de décrocher du convoi pour s'arrêter en station alors que les autres poursuivront leur trajet, sans halte, en direction de leur lieu de destination. Par ailleurs, la vitesse de déplacement des rames, exigée par la technique de l'attelage immatériel, pose à son tour des difficultés notamment pour les voyageurs fragiles physiquement, qui risquent de mal supporter les secousses comme la vitesse. De plus, une rame à deux places peut ne pas être très sécurisante si un voyageur se retrouve enfermé avec un voisin aux intentions agressives. Enfin, la résolution théorique des difficultés ne peut en rester au stade du laboratoire ; pour convaincre, il faut des essais en grandeur réelle permettant de passer du concept à sa matérialisation.

A chacune de ces objections, les promoteurs du projet vont trouver des parades. L'attelage immatériel est mis au point ; le transport à grande vitesse est réglé en employant les techniques utilisées en cinématique pour transporter à grande vitesse des explosifs (grâce aux services d'un ingénieur spécialisé dans le transport continu et à grande vitesse des objets – bouteilles, conserves, explosifs) ; les rames sont agrandies, passant progressivement de deux à quatre, puis six, puis dix places. Un champ de betteraves près des pistes de l'aéroport d'Orly est dès 1973 retenu pour installer une ligne expérimentale.

Les réponses avancées par les uns et les autres face aux

objections sont autant de chaînes de traduction que l'on peut essayer de décrire :

– pour résoudre le problème posé par la personne âgée physiquement diminuée et dont le transport à grande vitesse est délicat, on fait appel aux techniques de manipulation des explosifs ; en d'autres termes, on mobilise la connaissance acquise industriellement sur le transfert continu des choses pour permettre le transport discontinu des gens ;

– pour limiter les risques de face à face qui pourrait être périlleux (problèmes de sécurité publique) dans des rames à deux places, on les agrandit ; le nombre de passagers augmentant, on suppose que la sécurité sera mieux assurée.

Entre des cartouches de Winchester, une grand-mère physiquement fragile et un métro d'une part, entre des problèmes de sécurité et la taille des rames d'un véhicule de transport d'autre part, il n'y a pas de lien vraiment logique, mais entre ces entités humaines et non humaines le rapport est tout à fait socio-logique.

Explicitons le propos. Pêle-mêle, on retrouve autour du projet Aramis une entreprise (Matra), ses ingénieurs et techniciens, des institutions telles que la DATAR ou le ministère des Transports avec les hommes politiques et les fonctionnaires qui en dépendent, des systèmes techniques et leurs spécialistes (la cinématique et un ingénieur qui en est un expert), des cartouches de Winchester, des rames de métro, des attelages immatériels, un champ de betteraves... Humains et non-humains sont mis en chaîne, liés ; de leur coopération dépend la vie d'Aramis. Si la liaison s'opère harmonieusement, chaque entité étant mise en intermédiaire avec une autre dans une convergence d'intérêts, alors le réseau se dessine et le projet peut exister. Dans le cas contraire, il n'y aura ni réseau ni projet.

Malgré d'incontestables soutiens durant près de vingt ans, bien que des solutions techniques aient permis de rendre fiable ce moyen de transport disposant d'appuis financiers et politiques, Aramis est pourtant mort-né. Le VAL (métro automatique actuellement en service à Lille) lui fut préféré. Pourquoi ? Qui est le meurtrier d'Aramis ? interroge B. Latour. La mort était-elle inscrite dans ses gènes ? Une telle proposition expliquant l'échec ou la réussite à partir des propriétés intrinsèques d'un projet n'a évidemment aucune pertinence pour les sociologues de l'innovation. Pareille proposition serait tautologique (l'échec s'expliquant par l'échec pour Aramis, la réussite par la réussite pour le VAL) et oublieuse du principe de symétrie. La réponse est tout autre. Aramis a échoué faute d'amour !

B. Latour met en lumière comment le projet, sans être délaissé, fut insuffisamment soutenu. Chacun ayant cru que la force d'Aramis résidait en lui-même, dans ses vertus techniques, dans sa nécessité sociale, l'idée qui finit par prévaloir fut celle de son évidence. Ainsi, le réseau qui portait Aramis et se formait avec lui ne veillait guère à son degré de cohésion ou de convergence, sa mobilisation était lacunaire, sa vigilance à l'égard de la concurrence (en l'occurrence le VAL) était plutôt lâche.

Les promoteurs du projet ont cru en l'autonomie des techniques, ils ont pensé qu'elles avaient capacité à s'imposer d'elles-mêmes, ils ont cru en leur force d'évidence. Le projet est mort-né faute d'avoir été suffisamment porté.

La science, le fait scientifique, l'innovation technique, le changement ne s'imposent jamais d'eux-mêmes. C'est le processus qui est au fondement de leur émergence qui leur donne ou non la stabilité nécessaire. Aramis, observé à partir de ses vertus techniques, était sans doute un bon projet, c'est du moins ce dont étaient convaincus ses promoteurs ; ils ont toutefois oublié que ce qui définit un bon projet, ce ne sont pas ses qualités intrinsèques mais les conditions internes et externes de sa production, le contenu des controverses qui émaillent son processus d'émergence. Nous retrouvons ici la dialectique du contenant et du contenu, la notion d'entre-définition ; le bon projet n'est pas celui qui recueille les soutiens sur la base des qualités qu'on lui reconnaît, c'est au contraire parce que le projet recueille des soutiens qu'on lui reconnaît des qualités.

La controverse Pouchet-Pasteur donne une autre illustration du raisonnement des sociologues de l'innovation.

La controverse sur la génération spontanée

Au milieu du XIXe siècle, F. Pouchet, chercheur naturaliste à Rouen, membre correspondant de l'Académie des sciences, reconnu par ses pairs et disposant d'une légitimité scientifique incontestée, soutient la thèse de la génération spontanée. Pouchet s'emploie en effet à démontrer que la vie peut naître de la décomposition de la matière. Se livrant à des expériences, dont le caractère méthodologique semble irréprochable à la majeure partie des scientifiques du moment, il tire le constat que de la fermentation de la matière peut naître la vie. Appuyant ses expérimentations, de surcroît, sur une série d'analyses géologiques (l'observation de fossiles), laissant voir qu'il n'y aurait pas de chaîne continue entre les différentes espèces, le biologiste suggère que la vie pourrait naître de la décomposition de la matière sous forme de génération spontanée.

L. Pasteur, qui n'est encore qu'un jeune chercheur (il a au moment où la controverse éclate trente-sept ans alors que son opposant est sexagénaire) et dont les lettres de noblesse scientifique ne sont pas encore prestigieuses, émet un doute sur la pertinence de la thèse de Pouchet. A ce stade de la controverse, qui n'est engagée par Pasteur que très timidement et avec une grande déférence à l'égard de celui qui reste son aîné et est beaucoup plus « titré » que lui, L. Pasteur n'a que de pâles intuitions à opposer aux expérimentations de Pouchet. Selon lui, la génération spontanée pourrait ne résulter que du développement de micro-organismes dont la présence n'aurait pu être éliminée des ballons utilisés par Pouchet pour analyser le produit de la fermentation d'infusions de foin. Selon Pasteur, ces germes atmosphériques, ces micro-organismes, seraient à l'origine de ce que Pouchet appelle, par erreur, la génération spontanée. Comment et pourquoi ces intuitions de Pasteur vont-elles pouvoir l'emporter sur les expérimentations de Pouchet ? L'analyse des controverses opposant les deux hommes fournit la clé du mystère.

L'analyse du contexte permet d'entrevoir quelques-uns des atouts dont dispose Pasteur dans cette dispute scientifique. La thèse de Pouchet est de type matérialiste et ses implicites ne sont pas sans incidences : si la vie peut surgir du processus de la génération spontanée, alors l'idée d'une création divine originelle se trouve contestée.

Le matérialisme de Pouchet fait rejaillir le débat, qui a pris corps dans le champ scientifique, à la fois sur la scène religieuse et politique. En effet, pour l'Église, la vie ne pouvant se concevoir en dehors de la création originelle, la thèse de Pouchet a des accents blasphématoires, hérétiques. De même, pour le pouvoir politique (Napoléon III vient d'accéder au trône avec le coup d'État du 2 décembre 1851), non encore affranchi de l'institution religieuse, toute forme d'hérésie devient une menace plus ou moins directe pour sa propre assise.

Le contexte de la controverse scientifique opposant Pouchet et Pasteur n'est donc guère favorable aux thèses du premier alors que les intuitions du second (qui par ailleurs se déclare très vite partisan de la prise du pouvoir par Napoléon III), même peu argumentées, ont d'emblée de solides appuis. Lorsque se met en place entre 1860 et 1864, sous l'égide de l'Académie des sciences, une commission scientifique dont la mission est de trancher entre Pasteur et Pouchet, les forces sociopolitiques dominantes du moment se mobilisent pour que le verdict de cette commission soit favorable à Pasteur. Personne n'a encore vu les microbes qui infectent les ballons d'expérimentation de Pouchet mais nombreux sont ceux qui ont intérêt à ce qu'ils existent. Les armes utilisées dans ce duel Pasteur-Pouchet seront à la fois scientifiques (cf., sur la description détaillée des expériences conduites par chacune des parties, le numéro 4 des *Cahiers de Science et Vie*, août 1991, consacré à cette question), politiques, religieux, polémiques… La victoire de Pasteur sur Pouchet, au moment où elle survient, n'a pas été obtenue sur le strict terrain de la science.

Cet exposé[1] permet de souligner quelques-uns des enseignements de la sociologie de la traduction. La découverte scientifique, comme toute forme d'innovation ou de changement, n'est pas liée à la qualité intrinsèque des faits érigés en vérité, elle dépend aussi, pour partie au moins, du contexte dans lequel elle prend corps. Le changement devient alors pour le chercheur ou le praticien le résultat d'un lent processus qui peut se comprendre comme l'élaboration d'une série d'alliances entre les acteurs et les objets parties prenantes de la controverse.

Pasteur ne peut poursuivre dans la voie de ses intuitions, c'est-à-dire à contre-courant d'une frange entière de la communauté scientifique, qu'à la condition de pouvoir bénéficier de soutiens faisant contrepoids à la coalition qui soutient Pouchet… Ces micro-organismes, dont il pressent l'existence et qui sont à l'origine de ce que Pouchet croit être la génération spontanée, deviennent, malgré eux, un enjeu sociopolitique. Si Pasteur dit vrai, alors les matérialistes ne peuvent se saisir de la

1. Pour un récit détaillé de cette controverse, voir aussi Farley et Geison *in* Callon et Latour 1991.

thèse de Pouchet pour contester l'explication divine de la création du monde. Les thèses religieuses renforcées, ou tout du moins non démenties, c'est un des piliers du pouvoir qui se trouve conforté. De proche en proche, on en vient à penser que ces microbes à l'existence hypothétique sont à classer parmi les plus fidèles soutiens du régime de Napoléon III. Les microbes consolident le trône de l'empereur.

Le lecteur sera sans doute surpris de l'emphase à laquelle peut aboutir le raisonnement : Pasteur-Napoléon-les microbes même combat. Le triptyque est (d)éton(n)ant ; il résulte, dans le vocabulaire des auteurs, d'une chaîne de traduction où sont mis bout à bout des acteurs (Pouchet, Pasteur, Napoléon III), des situations (le contexte politique et les fondements de l'État), des objets (des expérimentations scientifiques) et pour finir la vie microbienne… Cet assemblage hétéroclite prend pour nom, dans la sociologie de Callon et Latour, celui de chaîne de traductions.

C'est le réseau (socio-technique) qui porte le fait scientifique, lequel conditionne à son tour l'existence du réseau. Pasteur et Napoléon III ont besoin de la controverse à propos de la génération spontanée pour former alliance (fût-elle non explicite).

Contenu (le fait) et contenant (le réseau) se soutiennent mutuellement : l'un n'existe pas sans l'autre. Les éléments constitutifs du réseau ont été liés entre eux *via* des intermédiaires (en l'occurrence, ce que l'on nomme ici intermédiaires, ce sont des textes de Pasteur contestant les thèses de Pouchet et ayant été portés à la connaissance d'alliés du pouvoir politique et de l'institution religieuse). Le réseau a pris consistance à travers des investissements de formes[1] qui ont

1. Cette notion d'investissement de forme est utilisée par Callon et Latour dans le même sens que celui proposé par L. Thévenot, envers qui les auteurs reconnaissent leur dette sur ce concept, nous reviendrons sur ce point.

structuré l'espace de la controverse entre les chercheurs (en l'occurrence, une commission créée sous l'égide de l'Académie des sciences et qui, composée pour l'essentiel de partisans de Pasteur et de fidèles alliés du pouvoir politique, tranchera en faveur de Pasteur). Un bien commun, un point de passage obligé, a réuni des acteurs qui, *a priori*, n'étaient pas appelés à former alliance : la découverte de l'existence des microbes.

Bien sûr, la convergence des intérêts entre les différentes entités de la situation n'a pas fait disparaître les enjeux spécifiques de chacun ; Napoléon III n'envisage pas de se reconvertir dans la recherche, Pasteur ne vise pas la gestion d'un évêché, et les microbes n'entendent pas prendre le pouvoir. Toutes les parties en présence donnent un sens particulier à leur mobilisation, à leur coopération autour de cette controverse.

Quelques notions supplémentaires (intermédiaire, investissement de forme, convergence, point de passage obligé...) à celles précédemment évoquées pour présenter la sociologie de la traduction viennent d'être mentionnées. Elles renvoient à la méthodologie d'élaboration des réseaux.

MÉTHODOLOGIE D'ÉLABORATION DES RÉSEAUX : LES ÉTAPES DE LA TRADUCTION

Dans les développements qui suivent, la méthodologie d'analyse proposée par Callon et Latour sera reconstituée. Le parti pris de chronologisation des étapes marque notre souci d'opérationnalisation de cet outil. Conçue à partir de réflexions portant sur l'épistémologie, la sociologie de l'innovation permet de déboucher sur une méthodologie de conduite de projet ; tout du moins est-ce l'inflexion que nous entendons lui donner.

Dans un premier mouvement, « la protohistoire d'un laboratoire » [Callon et Law, *in* Callon (éd.) 1988], ou l'aventure des marins et des coquilles Saint-Jacques de la baie de Saint-Brieuc, tiendra lieu de support à la présentation de l'analyse ; dans un second temps, la méthodologie d'élaboration de réseau sera suggérée, périodicisée.

Le marin, la coquille et le chercheur

La scène se déroule en baie de Saint-Brieuc ; dans les rôles principaux : des chercheurs, des marins pêcheurs, des coquilles Saint-Jacques (CSJ).

Au début des années soixante-dix, inquiets à l'idée que la CSJ puisse disparaître des eaux bretonnes, et avec elle les marins qui vivent de sa pêche, les pouvoirs publics reprennent au bond la proposition de création d'un laboratoire de recherche que leur adressent des spécialistes d'aquaculture (CNEXO). Très vite, un colloque posant avec force le danger de la disparition de ce précieux fruit de mer est organisé. Il rassemble l'ensemble des protagonistes : consommateurs, chercheurs, pouvoir publics, marins, ainsi que la CSJ elle-même dont les chercheurs se font les porte-parole. Les résultats de la confrontation ne sont guère encourageants. Les marins n'entendent pas changer leur politique de pêche et pressentent que derrière l'angoisse de la disparition de la CSJ se profile l'intention de contingenter et de réglementer leurs sorties en mer ; les chercheurs n'entendent rien sur les conditions de reproduction et de fixation de cet animal et n'ont guère de connaissances accumulées sur le sujet ; les consommateurs par la voix de leurs représentants ne semblent pas prêts à réduire leur consommation et n'envisagent guère de recourir à des tickets de rationnement pour l'achat de la CSJ ;

la coquille elle-même ne donne guère d'informations sur ce que sont ses intentions ; élira-t-elle domicile dans les eaux de Saint-Brieuc ? Consentira-t-elle à se reproduire un peu plus vite ?

La situation est préoccupante, d'autant que n'ont pas été invités les poissons et fruits de mer de toutes sortes qui aiment à se délecter des larves de CSJ et dont l'absence au colloque laisse supposer qu'ils ne sont pas prêts au compromis qui les conduirait à ralentir leur consommation boulimique de ce petit animal.

Bien que le contexte ne soit pas très favorable, la situation va se trouver renversée en l'espace d'une dizaine d'années. Les pêcheurs vont accepter de réglementer leurs pratiques de pêche au point de devenir des cultivateurs de la mer, au détriment de leur identité antérieure de chasseurs-prédateurs. La CSJ va réapparaître en masse ; jamais plus elle ne risquera de manquer sur la table des consommateurs.

Que s'est-il donc passé ? L'histoire mériterait de longs développements à propos de cette réussite. Elle se confond avec la patiente élaboration d'un réseau. Examinons ce que furent les principales étapes de sa constitution.

Les chercheurs qui ont décidé de travailler au renversement du cours de l'histoire (l'histoire de la disparition programmée de la CSJ) vont s'employer à identifier les conditions à partir desquelles les intérêts des différents actants pourront converger. En d'autres termes, ils vont devoir analyser le contexte et répondre aux questions suivantes : comment faire pour qu'entre pêcheurs, CSJ, chercheurs, consommateurs, pouvoirs publics naisse une alliance ? Comment relier entre eux des intérêts dissemblables : maintenir des traditions de pêche pour les marins, produire des connaissances pour les chercheurs, conserver un produit de qualité au meilleur prix possible pour les consommateurs, sauver l'activité économique locale pour les pouvoirs publics, se reproduire et continuer d'exister pour la CSJ ?

A ce stade, espérer une action collective radicale – du style : arrêter de pêcher la CSJ en attendant qu'elle se soit reproduite suffisamment – est totalement irréaliste. Il faut trouver des objectifs intermédiaires qui permettent de cheminer vers la constitution d'un réseau autour d'une « cause » commune.

La CSJ peut-elle se fixer dans les eaux de Saint-Brieuc (c'est-à-dire s'y installer et s'y reproduire) ? Telle est la question rassembleuse que formulent les chercheurs ; obtenant un intérêt unanime à ce qu'une réponse lui soit apportée, ils iront un peu plus loin : que doit-on faire pour observer le processus de reproduction de la CSJ et comment le favoriser ?

Cette étape de questionnement vise à faire émerger un bien commun (provisoire) à toutes les parties concernées ; cette phase peut être désignée comme celle de la problématisation.

Ceux-là mêmes qui vont accepter d'œuvrer collectivement à la recherche d'une réponse à la question formulée s'engagent dans le processus de constitution d'un réseau au sein duquel ils joueront le rôle de porte-parole. Il s'agit de représentants légitimes des pêcheurs (organisations professionnelles de marins), de quelques chercheurs s'engageant au nom de leur institution (en l'occurrence le CNEXO), d'experts de la vie économique locale, et de quelques spécimens de CSJ. Tous sont alors associés dans une action commune.

La première tâche à laquelle ce collectif (embryon de réseau) s'attelle va consister en la mise en place d'un laboratoire *in situ* (c'est-à-dire dans la baie de Saint-Brieuc elle-même), protégé de l'acte de pêche et qui permettra des observations grandeur nature. La volonté de trouver une réponse à la question de la fixation des CSJ passe donc par la création d'un dispositif matériel qui constitue déjà une solidification du réseau. Des objets (la délimitation d'une zone, sa protection, des containers sur lesquels les CSJ déposeront leurs larves), des acteurs (les marins, des chercheurs…) et la

CSJ elle-même sont alors mobilisés dans un processus collectif.

Les premières découvertes tirées des observations vont être diffusées par les membres du réseau auprès de leurs mandants. Par ce geste – publication de textes, organisation de rencontres –, les partenaires s'attachent à produire des intermédiaires, c'est-à-dire autant d'informations qui, dès qu'elles sont partagées par un collectif, lient entre eux ceux qui les possèdent. La diffusion de ces informations – en d'autres termes, la production de ces intermédiaires – participe de la production d'une connaissance commune, d'un *« common knowledge »*[1], qui fournit un socle pour l'action du réseau.

Si le réseau est en phase d'élaboration, il faut encore le solidifier, le rendre irréversible. Pour cela il convient d'affecter un rôle, autrement dit, de procéder à l'enrôlement des acteurs, en assignant une mission précise à tous ceux qui rejoignent le réseau. Ainsi et par exemple, les pêcheurs seront associés à la collecte de matériaux (repérage des bancs de CSJ, cartographie de la zone, identification des heures de pêche fructueuses...) nécessaires à la conduite de la recherche. Ils deviendront des marins-chercheurs.

Traduits, mobilisés, enrôlés, les différents partenaires (CSJ comprises) doivent encore trouver de nouveaux soutiens. Rallonger le réseau (informer et impliquer d'autres niveaux de représentants tels que le ministère de la Recherche, du Commerce extérieur, les instances régionales élues), pour le rendre irréversible, devient une priorité.

C'est à cette condition que, chemin faisant, le dispositif

1. Le terme *« common knowledge »*, également utilisé par les économistes pour désigner le socle sur lequel les ententes peuvent prendre corps sur les marchés, ne peut être confondu avec la notion de culture commune. Cette dernière renvoie en effet à une structure commune et englobante qui serait au fondement du lien social là où la première ne désigne qu'une connaissance partielle et circonstanciée permettant une convergence provisoire.

conduit à une redéfinition de ce que doivent être les formes de pêche des marins. De prédateurs, chasseurs, ils vont devenir des éleveurs acceptant de rationaliser l'effort de pêche (limitation des sorties en mer, ciblage de certaines zones, coordination globale de la pêche...) ; telle est la logique du processus en cours. Toutefois, pour parvenir à un tel résultat, la confiance de tous envers tous s'impose et la transparence généralisée (actions entreprises, résultats obtenus, projets...) est une condition de la vie du réseau. Le jour où les chercheurs se mettent à douter de la pertinence et de la fiabilité des informations qui sont transmises par les marins (qui ont été associés à la collecte des matériaux sur le terrain) et que l'envie leur prend de les faire contrôler (un hélicoptère se charge de vérifier les déplacements des navires), le doute est jeté et la collaboration des pêcheurs devient aléatoire. La zone de pêche protégée et transformée en laboratoire devient pour les marins qui se sentent trahis une cible.

Un soir de Saint-Sylvestre, une flotte se met en mouvement en direction de la zone protégée. Une pêche miraculeuse, détruisant naissains et larves, est réalisée par les pêcheurs ; se sentant bafoués, ils se sont attaqués à ce qu'ils avaient cru être leur propre projet jusqu'à ce que les chercheurs, par leurs comportements de défiance, leur laissent entendre qu'ils n'étaient que des objets, manipulés à l'instar des coquilles. Ce soir-là, c'est non seulement le laboratoire *in situ* qui est détruit mais c'est aussi le réseau qui vole en éclats. Le travail de ceux qui entendaient renverser le cours de l'histoire (la disparition inéluctable de la CSJ) est à reprendre au point zéro : il faudra de nouveau analyser le contexte et le problématiser, trouver des porte-parole... Les chercheurs du CNEXO et leurs partenaires parviendront à reconstituer ce qu'ils n'avaient pas su préserver, mais là où ils avaient réussi à gagner la confiance des marins en quelques mois il leur faudra maintenant des années pour y parvenir.

Au travers de ce récit (librement repris), apparaissent les principales étapes de la méthodologie d'élaboration d'un réseau. Elles méritent une explicitation.

Les principales étapes

Toute analyse en termes de traduction, toute tentative d'élaboration d'un réseau et par extension toute démarche de changement pourrait s'inspirer du canevas qui suit ; il est construit en dix étapes à partir des travaux de Callon et Latour. Si, pour des commodités d'exposition, nous présentons chacune des étapes dans une logique chronologique, il est important de souligner que les phases qui sont distinguées pourraient tout aussi bien être pensées dans la simultanéité.

L'analyse du contexte

La contextualisation revient à une analyse des actants en présence, de leurs intérêts, de leurs enjeux et de leur degré de convergence.

Dans chacun des exemples retenus, le cas Aramis, la controverse Pouchet-Pasteur ou les CSJ de la baie de Saint-Brieuc, l'ensemble des entités composant chacune des situations a donné lieu à une analyse. A l'instar d'une démarche qui prendrait appui sur le raisonnement stratégique et systémique, les sociologues de l'innovation invitent à prendre en compte les bonnes raisons qu'ont les acteurs de faire ce qu'ils font. M. Crozier ne démentirait pas les propos de M. Callon : « Les acteurs qui participent à la structuration et à la dynamique des réseaux technico-économiques sont plutôt orientés vers des comportements stratégiques que l'on peut très simplement définir comme la recherche délibérée de positions favorables [...] L'acteur cherche à se rendre indispensable, c'est-à-dire à occuper une position par laquelle les autres acteurs doivent passer... » (Callon, *in* Latour 1992, p. 60). La particularité de la contextualisation selon la logique de la traduction, c'est qu'il faut ajouter à la description des situations l'ensemble des non-humains, ces choses qui font tenir entre eux les acteurs. « ...dans la chaîne qui va d'un acteur à un autre acteur se glisse un intermédiaire : tel produit, telle machine, telle somme d'argent » (*ibid.*, p. 59).

L'identification des actants opérée, la problématisation devient possible.

Problématisation et traducteur

Par problématisation, il faut entendre cette opération de repérage, indispensable à toute action de changement, à toute introduction d'innovation, consistant à faire la part, dans une situation, de ce qui unit et de ce qui sépare.

Cette démarche conduit nécessairement à la formulation d'une question, d'une interrogation, susceptible de produire la convergence des acteurs concernés. Elle est un préalable à toute action collective convergente. Son degré de généralité, par rapport aux positions singulières de chacune des parties en présence, est toujours assez élevé. Dégagé des enjeux particuliers en s'en tenant éloigné, l'énoncé qui tient lieu de problématisation ne les ignore pas pour autant.

La problématisation est un exercice consistant à faire passer chaque entité d'un contexte, d'une position singulière et isolée, à une acceptation de coopération. Cette mise en mouvement s'opère autour d'un projet provisoire et minimum (à ce stade, le projet définitif n'est d'ailleurs pas encore réalisé et les contours ne s'en préciseront que chemin faisant, c'est-à-dire à travers l'opération proprement dite de constitution du réseau) qui peut ne résider tout d'abord que dans l'intention d'apporter une réponse à une question d'ordre général, mais englobant tout de même les intérêts de chacune des entités.

Le propos peut être illustré en appui sur les exemples précédents.

Dans la controverse opposant Pouchet à Pasteur, l'alliance qui se soude autour de ce dernier est rendue possible par une problématisation du type : en quoi les thèses matérialistes sont-elles dangereuses ? C'est moins l'importance scientifique de la vie microbienne en elle-même qui vaut à Pasteur un soutien scientifico-politico-religieux que la nécessité de combattre les thèses matérialistes.

Pour le projet Aramis, la problématisation qui permet d'associer Matra, la RATP, l'aéroport d'Orly, les pouvoirs publics, les voyageurs n'est sans doute pas liée à la « beauté » de l'innovation technique des attelages immatériels mais bien plutôt à une forme de transport permettant de réaliser une synthèse entre déplacement collectif et véhicule individuel.

Enfin, dans le cas des CSJ, la question de la fixation de Pecten Maximus (autre nom employé pour le coquillage faisant l'objet du projet d'aquaculture) devient une problématique englobante des différents intérêts en présence, ce que n'aurait pu être un projet de transformation des habitudes de pêche des marins.

Dans chacun des cas évoqué, comme dans toute situation de changement, la problématisation ne peut s'opérer que sous l'effet d'un traducteur, c'est-à-dire d'un acteur qui, après s'être livré à l'analyse du contexte, dispose de la légitimité nécessaire – ou au minimum n'est pas en situation illégitime – pour être accepté dans le rôle de celui qui problématise. Si la problématisation est au fondement d'un mouvement collectif et convergent qui produira un réseau, alors celui ou ceux par qui elle passe doivent disposer d'un minimum de crédit. Si, d'aventure, l'apprenti traducteur s'exprimait, en tant que tel, d'un lieu illégitime aux yeux des autres actants de la situation, alors, ce qui finirait par importer le plus, c'est moins la qualité de ce qui serait avancé que le lieu d'où la problématisation serait formulée. Nouvelle confirmation de l'absence d'« essence » d'un fait comme d'un énoncé ; sa qualité n'est pas dans son contenu mais dans son processus d'énonciation ou de production.

Le traducteur est un maillon de ce processus, dont la force d'entraînement dépend aussi du point de passage obligé.

Le point de passage obligé et la convergence

Par point de passage obligé (PPO), il faut entendre un lieu (qui peut être physique, géographique, institutionnel, par exemple un laboratoire) ou un énoncé qui se révèle être, à un moment ou un autre des premières phases de la construction du réseau, incontournable. Dans le jeu des allers et retours, des interactions incessantes par lesquelles se conçoivent les innovations, fruits des adaptations, ajustements, articulations entre entités, il existe une phase ou se crée de la convergence. Elle n'est pas la condition suffisante à l'irréversibilisation du réseau mais elle n'en reste pas moins nécessaire.

Pour Pasteur, le PPO se confond avec une séric d'hypothèses (beaucoup plus que des expérimentations). Elles concernent la résistance des micro-organismes à la chaleur, l'impureté du mercure utilisé par Pouchet pour observer l'apparition de la génération spontanée. Ce sont ces hypothèses qui lui vaudront le soutien de l'Académie des sciences.

Dans le cas des CSJ, œuvrer à leur fixation en permettant aux larves de se développer, de former des naissains, puis d'être disposées dans des nurseries, constitue le PPO. C'est à ce stade qu'une collaboration active de toutes les parties devient effective.

L'un des moments importants à ce stade de la négociation renvoie à la référence aux porte-parole.

Les porte-parole

L'idée développée ici par les sociologues de la traduction est assez classique. Si le réseau est le produit d'une négociation permanente entre contenu et contexte, cette négociation suppose qu'elle soit conduite entre porte-parole de chacune des entités de la situation.

Pour que le micro-réseau s'élargisse, se rallonge, il faut que les entités qui le composent aient capacité à faire écho, à diffuser. Les porte-parole sont donc des représentants dont le traducteur doit s'assurer de la légitimité. Toutes les entités du contexte, humaines comme non humaines, doivent être représentées dans les espaces de négociation à partir desquels le réseau s'élabore (Latour 1989, p. 109-115).

Les microbes, les éprouvettes, le mercure, les infusions de levure, de foin, Napoléon III, l'Académie des sciences ont besoin de porte-parole pour tenir ensemble. Dans le cas de la « guerre des microbes », Pasteur est le porte-parole non seulement de la communauté scientifique qui doute de la théorie de la génération spontanée mais aussi des microbes qui ont d'autant plus de mal à s'exprimer que personne ne les a encore identifiés. La commission mise en place par l'Académie des sciences est quant à elle la représentante du pouvoir et de l'Église. L'alliance ne peut se réaliser entre ces différentes entités que parce qu'elle est médiatisée par ces quasis-mandataires que sont les porte-parole. Ils permettent le dialogue – peu probable sans eux – entre entités fort différentes (imaginons en effet quel type de dialogue Napoléon III pourrait avoir avec l'espèce microbienne)...

Aramis, les pouvoirs publics, le voyageur fragile, les explosifs, la RATP doivent être également représentés pour que, dans le projet, soient intégrés les intérêts respectifs des uns et des autres.

Pecten Maximus, les marins, les consommateurs doivent pouvoir s'exprimer *via* leurs « mandataires ». Ainsi, les chercheurs du CNEXO représentent la communauté scientifique (dont le souci d'ensemble n'est certainement pas de publier sur la CSJ), les marins sont liés aux organisations professionnelles, et lorsqu'ils s'expriment ils le font d'une seule voix. Bref les porte-parole rendent possible la prise coordonnée de la parole et l'action concertée.

Ce travail par lequel on s'emploie à retrouver, au sein des espaces de négociations, l'ensemble des entités indispensables à l'élaboration du réseau et à la conduite du changement s'accompagne d'indispensables investissements de forme.

Les investissements de forme

Cette notion est empruntée par Callon et Latour aux conventionnalistes et plus précisément à L. Thévenot (1985)[1]. Elle désigne pour les sociologues de la traduction « le travail consenti par un acteur-traducteur pour substituer à des entités nombreuses et difficilement manipulables un ensemble d'intermédiaires moins nombreux, plus homogènes et plus faciles

1. « L'investissement est une opération comme l'établissement, coûteux, d'une relation stable pour une certaine durée » (1985, p. 26), la notion de forme quant à elle désigne « une variété d'êtres très étendue qui comprennent non seulement des catégories cognitives ou des outils de classement mais également des êtres sociaux, coutumes, représentations sociales, personnes collectives… » (1985, p. 63). L'investissement de forme permet donc la stabilité d'une situation dont la caractéristique est de tenir grâce à des formes.

à maîtriser et à contrôler » [Callon (éd.) 1988, p. 87]. En d'autres termes, les investissements de forme réduisent la complexité, la rendent saisissable. Là où les partenaires sont trop nombreux pour que leur prise de parole soit rendue possible sans créer la cacophonie, il faut des mécanismes (s)électifs pour rendre possible l'expression de tous *via* des représentants. Là où les données d'une situation sont abondantes, éparpillées, chiffrées, enchevêtrées, il faut un traitement statistique, des graphiques qui viendront donner du sens aux matériaux.

Pour que ces investissements de forme soient opératoires, ils doivent produire des intermédiaires.

Les intermédiaires

Le réseau socio-technique, technico-économique, renvoie à une coopération entre acteurs mis en relation les uns avec les autres grâce à des intermédiaires « qui ne se réduisent ni à des biens matériels ni à des biens marchands » [Callon, *in* Latour (éd.) 1992, p. 58] ; cette notion est utilisée pour désigner tout ce qui circule entre les différentes entités de la situation. M. Callon, après avoir souligné qu'entre actants et intermédiaires la distinction nette n'est pas toujours commode à opérer (les actants pouvant être également des intermédiaires), suggère « en première approximation » quatre types d'intermédiaires :

– les informations (papiers, disquettes, bandes magnétiques...) ;

– les objets techniques ;

– l'argent ;

– les êtres humains et leurs compétences.

Ainsi, un texte relatant un fait, une découverte, une action entreprise par le réseau en constitution, met en relation ceux qui le liront, et contribue en même temps à les lier.

Par exemple, les marins pêcheurs apprenant de leurs collègues que la CSJ se déplace selon des caractéristiques scientifiquement étudiées se trouvent à la fois dotés d'une connaissance nouvelle, leur permettant éventuellement d'améliorer leurs prises, et deviennent détenteurs d'un savoir commun qui participe de leur mise en relation. Un *« common knowledge »* est produit par les intermédiaires, il permet de solidifier le réseau. Celui-ci tient grâce aux intermédiaires qui portent en eux « de manière totalement explicite tout un monde peuplé d'acteurs dont il définit les rôles, les intérêts, en un mot l'identité » [Callon, *in* Latour (éd.) 1992, p. 58].

Le réseau se cimente par les intermédiaires, mais sa mobilisation dépend aussi de la qualité de l'enrôlement opéré pour chacune des entités en présence.

Enrôlement et mobilisation

A ce stade le traducteur a produit la problématisation du contexte, un point de passage obligé a été dégagé ; par investissements de formes successifs, un système d'action complexe s'est trouvé miniaturisé, simplifié, des porte-parole ont été identifiés, sollicités et reliés entre eux par des intermédiaires. Il convient maintenant d'enrôler les acteurs pour obtenir d'eux une mobilisation.

Derrière ces termes militaires se dissimule l'idée assez simple que de l'affectation de rôle (l'enrôlement) découle une forme d'implication dans l'action (la mobilisation).

La notion de rôle, en sociologie bien sûr mais plus généralement dans les sciences sociales, a déjà donné lieu à d'innombrables développements. Lorsque les sociologues de la traduction font référence à cette notion, ils se tiennent en marge de ces productions. En effet, pour eux, enrôler (terme qui a surtout le mérite de souligner que les entités du réseau sont réellement engagées dans une action et ne font pas de la figuration plus ou moins faussement participative), c'est affecter aux membres du réseau un rôle précis, une tâche, une mission qui en fait des acteurs essentiels d'un système en devenir et non pas les agents passifs d'une structure qui pourrait fonctionner sans eux. L'enrôlement donne du sens à ce qu'entreprennent les entités du réseau en constitution. Les microbes sont enrôlés dans les éprouvettes, les CSJ dans un laboratoire *in situ*. Les marins pêcheurs définissent la zone de pêche interdite, les soutiens de Pasteur deviennent membres d'une commission scientifique de l'Académie des sciences. Avoir un rôle, c'est trouver du sens et de l'intérêt à l'élaboration du réseau. Il n'est pas donné aux actants, il est à construire par eux dans une sorte de division des tâches qui permet tout à la fois de consolider le réseau et d'enraciner ceux qui, le consolidant, se lient à lui.

Double mécanisme permettant d'engager plus à fond les soutiens du réseau en même temps que se construit ce réseau grâce à cet engagement.

A ce stade, l'opération de rallongement et de mobilisation devient possible.

Rallongement et irréversibilité

Rallonger le réseau est une des conditions de la solidité de celui-ci. Cette phase consiste à multiplier les entités qui le composent dans une logique qui conduit du centre à la périphérie. Explicitons le propos et illustrons-le.

Au centre, un ensemble de sujets et d'objets qui ont été rassemblés autour d'un point de passage obligé grâce à une opération de traduction. Ces actants constituent la base à partir de laquelle un ensemble socio-technique, technico-économique, est configuré en quasi-réseau ou micro-réseau. A ce noyau, des entités nouvelles doivent être agglomérées pour le solidifier, et en même temps donner une consistance plus grande au projet qui, à la fois, porte et est porté par le réseau.

Ainsi, dans le cas des CSJ, les chercheurs du CNEXO doivent s'allier à d'autres chercheurs, les marins de Saint-Brieuc être soutenus par la communauté des pêcheurs au-delà du secteur géographique où est conduite l'expérience. En ce qui concerne la querelle entre Pasteur et Pouchet, le premier doit s'associer de nouveaux soutiens scientifiques, mais aussi politiques, pour rallonger son système d'alliances. Pour Aramis, le rallongement de la chaîne d'entités doit conduire jusqu'au ministre des Transports pour les pouvoirs publics, au plus haut niveau de la direction de chez Matra ou encore de la RATP pour les aspects techniques.

On le voit, le mécanisme par lequel le réseau existe et se renforce renvoie à la fois à la multiplication des entités qui le composent et au positionnement stratégique de ces entités nouvelles.

Le nombre croissant des acteurs humains et non humains risque de rendre plus difficile la coordination des actions, de multiplier les contradictions, les concurrences, enfin d'opacifier l'élaboration du réseau. Ainsi peut-on penser que le rallongement provoque une dispersion qui fragilise plus qu'elle ne renforce le réseau. A l'inverse du processus physique qui veut que le durcissement s'opère par la réduction (plus on se rapproche du noyau plus la matière durcit), le rallongement du réseau correspond à une solidification à la condition que la même attitude que celle décrite précédemment soit adoptée vis-à-vis des nouvelles entités : enrôlement, mobilisation, porte-parole… A ce stade, deux autres conditions sont également nécessaires : la vigilance et la transparence.

La vigilance

Toute innovation suppose une lente et patiente construction d'alliances, de coopérations dans un contexte qui, s'il doit être rendu maîtrisable, n'est jamais entièrement stabilisé ni prévisible. Aussi toute chaîne de traductions est-elle soumise en permanence à des concurrences, des traductions concurrentes, qui ne peuvent être déjouées, contrées, que dans la mesure où celles-ci ont été préalablement identifiées. La vigilance consiste donc en une veille permanente, exercice méticuleux de vigie à 360°, condition d'existence du réseau.

Dans le cas des coquilles Saint-Jacques, les exportations irlandaises de ce coquillage, à destination de l'hexagone, illustrent une traduction concurrente. De même, la dissidence à laquelle se livrent les CSJ contractant, dans les eaux du laboratoire, un virus pouvant très vite les décimer, suppose une réaction immédiate, elle-même subordonnée à une surveillance attentive. Tout relâchement peut entraîner une dégradation de la santé de la CSJ et de ce fait une fragilisation du réseau.

Dans le cas d'Aramis, c'est un défaut de vigilance qui permet au VAL de le supplanter.

Vigilance et surveillance s'imposent, toutefois cette attitude ne doit pas se traduire par un manque de confiance vis-à-vis des membres du réseau. En d'autres termes, la vigilance ne doit pas se traduire par l'absence de transparence. Explicitons le propos.

La transparence

Au cours des phases qui conduisent de l'éparpillement d'entités singulières à leur mise en réseau, la transparence doit être permanente. Le fil rouge, l'invariance qui conditionne la confiance entre actants, repose sur la visibilisation, la lisibilité, l'intelligibilité de ce qui est mis en œuvre dans, par et pour le réseau. Si, à la transparence des actions susceptible d'entraîner la confiance se substituent la méfiance, le calcul tactique dissimulé, alors, ceux des éléments du réseau qui auront le sentiment d'être tenus à l'écart de ce qui, à leurs yeux, deviendra une manipulation n'auront que de bonnes raisons pour penser qu'ils ont été trahis. La traduction initiale des enjeux et intérêts devient une trahison, elle-même synonyme de dislocation du réseau. B. Latour souligne d'ailleurs que le pas peut être vite franchi entre l'attitude du *traduttore* (traducteur) et celle du *traditore* (traître). Dans l'exemple des CSJ, l'illustration de ce pas de côté, fatal au réseau, est particulièrement éloquent. Lorsque les chercheurs du CNEXO, traducteurs principaux des enjeux de la situation, décident de faire surveiller les marins par hélicoptères, doutant de la fiabilité de leur comportement, ils commettent cette trahison qui provoque la dissidence des marins. La transparence est nécessaire au réseau, tout du moins sur tout ce qui a été construit en commun et sur les règles qui régissent les rapports entre les actants partie prenante de cette construction. La moindre manipulation condamne la traduction et ensevelit le réseau.

Au terme de ce parcours en dix étapes (dont nous rappelons que la chronologisation d'une part et la formalisation que nous en avons proposée d'autre part ne sont en rien imputables aux auteurs), l'innovation et le changement se trouvent portés par le réseau, il s'est constitué par eux, il est irréversibilisé, c'est-à-dire stabilisé durablement. Cependant la réversibilisation reste possible ; la mobilisation autour du fait ne peut, sans dommage, se relâcher.

La singularité de cette sociologie, sur laquelle nous pensons avoir insisté, ne la rend pas moins compatible avec l'ensemble du corpus classique de la sociologie de l'entreprise et des organisations, c'est sur ce point que nous allons maintenant porter l'éclairage.

TRADUCTION ET SOCIOLOGIE DE L'ENTREPRISE

Malgré quelques réserves, qui seront exprimées en conclusion de ce chapitre, cette sociologie, tant par son objet que par sa posture méthodologique et par ses concepts majeurs, peut être rapprochée, rendue compatible et complémentaire avec les théories habituelles de l'acteur stratégique.

Un objet : le changement dans les systèmes d'action

L'innovation, la production des faits scientifiques, l'épistémologie, sont au centre des préoccupations des sociologues de la traduction. Ainsi, si l'on s'en tient à la lettre de leurs travaux, l'entreprise ne semble pas être retenue comme objet pertinent par M. Callon, B. Latour et leurs collègues. En effet, les exemples qui sont présentés pour développer leur théorie (la technologie littéraire de Boyle, la querelle phrénologique, les ondes gravitationnelles, la statistique, la chasse aux quarks, les laboratoires scientifiques...) sont le plus souvent éloignés de l'entreprise, entendue comme objet d'étude à part entière. Pourtant, il n'y a là qu'une apparence, car l'entreprise comme l'organisation peuvent tout à fait s'appréhender comme des réseaux. Soit que l'on considère l'organisation comme le sous-ensemble d'une entité plus vaste (dans cette hypothèse elle est une composante du réseau), soit que l'entreprise soit analysée comme englobant des sous-systèmes, dans les deux cas la notion de réseau peut être, à profit, mobilisée.

Bien sûr un réseau socio-technique comprend toujours plusieurs instances : l'instance scientifique, l'instance technique, l'instance marché. A ce titre l'entreprise ne peut donc être saisie isolément, en tant que système fermé (en effet, à supposer qu'elle englobe l'instance scientifique en plus de l'instance technique, elle ne peut être comprise sans restitution de sa position à l'égard du marché). Pourtant, chacune de ces instances peut et doit être saisie dans son autonomie partielle. Par exemple, le laboratoire scientifique est un sous-système engagé dans des controverses dont il faut retrouver la généalogie, le marché est un champ de coopérations et de rivalités qu'il convient d'éclairer, l'instance technique est un lieu de production, à la recherche de ses équilibres internes qui méritent d'être identifiés. En ce sens, l'entreprise est un réseau (somme d'entités humaines et non humaines articulées entre elles) ou bien le maillon d'un réseau (entité parmi d'autres dont la stabilité conditionne celle de l'ensemble, étant entendu que la solidité d'un réseau est toujours égale à celle de son maillon le plus faible) ; dans les deux cas, elle peut être saisie par les outils de la sociologie de l'innovation.

En outre, même si l'innovation ou la production des faits scientifiques sont des formes spécifiques de changement, l'analyse – en termes de traduction – des conditions de leur émergence nous paraît pouvoir être étendue à toute forme de changement. Ainsi, le changement dans une entreprise peut être compris (en amont comme en aval de son introduction) non à partir de ses vertus intrinsèques mais bien plutôt en appui sur le processus dont il procède. Petites ou grandes, les transformations dans les organisations méritent donc d'être pensées, gérées, selon la logique des sociologues de l'innovation.

L'entreprise comme réseau, le changement comme (in)novation constituent des objets privilégiés de la sociologie de M. Callon et B. Latour et font de ces deux auteurs des sociologues à part entière de l'entreprise.

Une méthodologie compréhensive

Les travaux qui ont été présentés tout au long de cet ouvrage, qu'ils concernent les théoriciens classiques (Crozier, Friedberg, Sainsaulieu, Reynaud) ou des auteurs plus récents (Boltanski, Thévenot), attachent tous de l'importance à n'être pas confondus avec la sociologie critique. Se définissant comme cliniciens (Crozier, *in* Mendras et Verret 1988, p. 127) ou donnant une place centrale à la justification des personnes (Boltanski, Thévenot), les uns et les autres se centrent sur la compréhension des acteurs. Comprendre c'est entendre, admettre et apprendre de cette compréhension plutôt que d'expliquer à ces mêmes acteurs pourquoi ils ne savent pas ce qu'ils font. De ce point de vue, l'une des lignes de force que l'on retrouve de façon transversale chez les sociologues mentionnés réside dans le rejet d'une méthodologie tout entière tournée vers la découverte du « vrai » sens, celui auquel les acteurs n'auraient pas accès ; la vérité étant enfouie au-delà de leurs consciences. De M. Crozier à L. Boltanski un même refus, celui d'une sociologie découvrant le caractère cryptique du sens de l'action, fût-ce contre la connaissance de l'acteur[1].

M. Callon et B. Latour s'inscrivent dans le même état d'esprit, leur méthodologie relève donc, comme les précédentes, de ce qui nous semble appartenir à la tradition compréhensive. Selon eux, toute analyse suppose que l'on suive les acteurs, qu'on les entende et les respecte en leur épargnant l'habituelle tirade « ils ne savent pas ce qu'ils font » (Latour 1992, p. 4), qui, en définitive, relève plus de la condescendance accordée depuis Sirius que de la mansuétude évangélique.

Les sociologues de l'innovation refusent le registre de la dénonciation critique, cette sorte de rage qui consiste à « relever sous les fausses consciences, sous les vrais calculs ou sous les faux calculs, les vrais intérêts ». « Qui n'a pas à la bouche un filet de cette rage-là ? » interroge B. Latour (1991, p. 65)[2].

La sociologie de la traduction, en devenant celle des controverses, dont il n'est pas question d'indiquer quels sont les bons et les mauvais registres sur lesquels elles se développent, devient un instrument de compréhension, laissant jugements et péremptions à d'autres.

Il y a dans une telle position, cohérence et similitude avec l'analyse stratégique comme avec l'étude des conventions ; par ailleurs, le statut accordé aux acteurs, dans le déroulement des recherches, est tout autant un héritage actif de la sociologie de M. Weber que de l'enseignement des ethno-

1. La sociologie de P. Bourdieu qui retrouve les stratégies d'acteur en appui sur l'analyse de leur généalogie, inscrite – dans l'habitus – comme philosophie pétrifiée dictant sa loi aux agents, du coup plus agis qu'agissants, constitue une illustration de ce que nous appelons la sociologie critique.

2. B. Latour souligne que L. Thévenot et L. Boltanski ont inventé un « vaccin antirabique en comparant toutes les sources de dénonciation », contribuant ainsi à les relativiser et montrant ainsi les limites de toute opération critique, simple technique d'accusation mutuelle (Latour 1991, p. 65).

méthodologues (Latour 1992, p. 3)[1]. Pour ces raisons, la restitution aux acteurs du diagnostic organisationnel, qui est une des obligations de méthode explicites de l'analyse stratégique, nous semble pouvoir être une clause méthodologique annexée par les sociologues de l'innovation comme par ceux des conventions sans qu'il soit nécessaire de faire subir une quelconque torsion à leur construction théorique.

L'exercice de rapprochement entrepris peut être poursuivi par l'examen des concepts.

Compatibilité des concepts

Sans chercher à entrer dans le détail, on peut considérer que les notions de réseau et de système sont articulables, que l'actant n'est pas antinomique avec l'acteur, que controverses, coopérations et point de passage obligé permettent de mieux comprendre comment se fraient les compromis.

Réseau et système

L'analyse stratégique – et ses dérivés –, tant du point de vue de son projet initial que dans ses raisonnements actuels, s'attache à proposer un cadre d'analyse des règles permettant à l'action collective de se finaliser. L'entreprise est ainsi perçue comme un système de relations réglées et finalisées, à l'homogénéité plus ou moins grande, que Friedberg appelle système d'action organisée (Friedberg 1993) mais que l'on peut aussi considérer comme un réseau plus ou moins abouti,

1. L. Thévenot et L. Boltanski rendent aussi hommage aux apports des ethnométhodologues (1991, p. 35).

plus ou moins stabilisé, dont les entités humaines et non humaines s'entre-définissent et se lient les unes aux autres avec plus ou moins de bonheur.

En formulant autrement, il nous semble tout à fait possible de considérer que système et réseau renvoient à des notions pouvant cohabiter : le réseau est un système (sans rappeler l'ensemble de la théorie des systèmes, on peut pour mémoire retenir quelques-uns des éléments caractérisant cette notion de système : interaction entre les éléments, le tout ne se résume pas à la somme des entités qui le composent, les liens avec l'environnement participent des régulations d'ensemble, les équilibres s'organisent au prix d'ajustements trouvés entre les entités formant système, aucune position d'un des éléments du tout ne peut être expliquée sans référence aux autres constituants du système…) et tout système peut fonctionner et s'analyser selon la logique du réseau (acteurs, intérêts, alliances, traductions diverses, traducteurs, porte-parole…).

Un système d'action organisée peut aussi bien renvoyer aux frontières d'une organisation qu'au périmètre plus ouvert d'un agglomérat d'entreprises, sur un marché quelconque ou dans un secteur géographique donné. De même, le réseau peut désigner, tout autant, un contexte dépassant largement le cadre d'une entreprise qu'une firme dont les différentes sous-parties la constituant sont reliées entre elles dans un équilibre conçu en termes de réseau.

Cela signifie-t-il pour autant que les deux notions sont absolument interchangeables ? Sûrement pas, et ce pour au moins trois raisons. Tout d'abord, la notion de réseau invite à prendre en compte les humains comme les non-humains, les objets comme les sujets. Le système est composé d'acteurs là où le réseau est peuplé d'actants (nous reviendrons sur ce point). Ensuite, la notion chère à M. Callon et B. Latour met l'accent sur la convergence entre acteurs et sur les compromis qui les lient, alors que le terme de système renvoie plutôt aux rapports de pouvoir. Enfin, le réseau, en ce qu'il doit présenter des caractéristiques de stabilité particulières, n'est qu'une forme spécifique de système d'action organisée ou de système d'action concret – une forme harmonieuse –, alors qu'à l'inverse le système, saisi par le raisonnement stratégique, peut exister sans présenter de physionomie idéalement stabilisée. Le réseau socio-technique est une configuration systémique dont les contours doivent nécessairement revêtir la figure normée d'un agencement parfaitement coordonné et convergent entre les entités qui le composent, alors que le système peut trouver son équilibre dans la dysharmonie des tensions relatives aux luttes de pouvoir.

Pour reprendre et schématiser notre propos, nous pourrions indiquer que toute organisation ou entreprise est nécessairement un système d'action concret qui doit être, du point de vue d'une figure idéale typique, organisée en réseau pour toucher à l'« efficacité »[1]. Évidemment, cela ne veut pas dire qu'il n'y aurait qu'une seule configuration possible d'organisation dès lors qu'on inscrirait la tâche du manager dans la perspective d'un fonctionnement en réseau ; plus simplement, cette affirmation suggère qu'il y aurait des modalités théoriques et méthodologiques (la sociologie de la traduction) à mettre en œuvre afin de penser le passage d'un mode de fonctionnement à un autre, c'est-à-dire d'un système d'action classique aux régulations et équilibres divers à un réseau socio-technique renvoyant à un système d'action spécifique tout entier soudé par des compromis.

Différentes, les deux notions n'en sont pas moins complémentaires, tout comme les termes d'acteur et d'actant.

1. La notion d'efficacité étant définie ici non au regard des seuls indicateurs habituels relatifs à la compétitivité mais en référence à la capacité de produire un bien commun, fondement d'un agir-ensemble, d'une coopération.

Actants et acteurs

Si les sociologues de la traduction insistent pour ne pas laisser les entités non humaines en dehors de l'analyse des situations, s'il y a là une cause de divergence importante avec des auteurs comme E. Friedberg (1993)[1], ce parti pris ne permet pas de dissocier ce courant théorique du corpus traditionnel de la sociologie de l'acteur. En effet, tout au long de leurs travaux, Callon et Latour rappellent l'importance des raisonnements en termes de stratégies, d'intérêts, d'enjeux (Latour 1989, p. 180-182) ; de la même façon, ils s'inscrivent dans le champ de la théorie des jeux et de la réflexion sur la négociation lorsqu'ils évoquent « la nécessité d'inventer de nouveaux groupes sociaux, de nouveaux buts… » (*ibid.*, p. 183-184). De ce point de vue, ils se situent de plein pied dans le champ des théories de l'acteur.

Bien sûr, à en croire les auteurs, la réintégration des entités non humaines, la prise en compte des objets, tout comme le proposent aussi L. Boltanski et L. Thévenot (voir notamment Thévenot 1985, p. 63), permet de forger une pensée résolument moderne. Dégagés d'une forme d'anthropocentrisme étroit, les sociologues de l'innovation prétendent que la référence à la notion d'actant clive fortement les positions entre ceux qui s'y réfèrent et ceux qui la rejettent (Latour 1991, p. 66). En d'autres termes, le statut des actants chez nos auteurs ne se laisse pas résumer à une coquetterie permettant de gagner en lyrisme et en humour. Dont acte : la place accordée aux objets est centrale pour Callon et Latour. Toutefois, cette référence aux non-

1. E. Friedberg regrette l'anthropomorphisme pratiqué par les sociologues de la traduction, ne voyant dans cet exercice qu'un effet rhétorique ou bien encore une forme de lyrisme littéraire, ce qui, dans les deux cas, n'apporte rien à l'analyse (Friedberg 1993, p. 202-210).

humains ne fait en rien basculer le système de raisonnement des sociologues de la traduction en dehors d'une réflexion générale sur l'acteur. Combler ce qui est perçu comme une incomplétude ne veut pas dire produire une antinomie. L'actant englobe l'acteur sans le détruire. L'analyse stratégique n'est pas dissoute par le raisonnement des sociologues de l'innovation ; reprise, enrichie, elle n'est jamais infirmée.

Traduction et compromis

La référence à la notion de compromis invite, bien évidemment, à rapprocher la sociologie de la traduction de celle des conventions. Il pouvait paraître périlleux d'opérer un rapprochement entre Callon, Latour et les sociologues du corpus classique de l'analyse des organisations et de l'entreprise ; leur proximité avec Boltanski et Thévenot est beaucoup moins difficile à illustrer. En effet, les emprunts réciproques de concepts (actant, investissement de forme), l'utilisation de méthodologies identiques (l'analyse des controverses), les congratulations mutuelles [1] abondent des deux côtés. Aussi nous en tiendrons-nous à un propos général visant à démontrer que les intentions théoriques de ces différents auteurs se répondent comme en écho. La traduction devient la méthodologie de l'élaboration des compromis, ceux-ci constituent le socle (provisoire et sans cesse renouvelé) sur lequel les réseaux se constituent.

Si on observe quelques-unes des exigences de toute opération de traduction, on comprend mieux en quoi celle-ci

1. Par exemple, L. Boltanski et L. Thévenot rappellent leur dette envers « l'œuvre de B. Latour » et « les travaux de M. Callon » (1991, p. 35), alors que B. Latour souligne l'importance des propositions de L. Boltanski et L. Thévenot (Latour 1991, p. 65) et que M. Callon en fait autant [Callon (éd.) 1988, p. 87].

renvoie à une quasi-science des compromis ; lisons Latour :

– je veux ce que vous voulez ;

– ce que je veux pourquoi ne le voulez-vous pas ?

– si vous faisiez ne serait-ce qu'un petit détour (Latour 1989, p. 172-177).

Ces trois propositions constituent les moments clés du « détournement » que le traducteur doit réaliser s'il veut créer de la convergence entre les acteurs d'une situation. Il détourne de leur trajectoire les entités en présence mais ne provoque pas pour autant l'abandon par chacune des parties des enjeux qui sont les siens. Conduites à un point de passage obligé, parce que cela participe, du point de vue de chacune des entités, de la poursuite de leurs intérêts, celles-ci se trouvent engagées dans un compromis (provisoire, comme tout compromis) sans avoir rien renié de leur spécificité : la convergence se « fraie » tout comme les compromis de Boltanski et Thévenot (cf. chapitre précédent).

Ainsi entendue, la traduction devient la création d'espaces de négociation [Callon (éd.) 1988, p. 73], la production d'« arrangements » multiples, de « combinaisons », « combines »… « compromis », qui seuls permettent aux choses et aux humains de tenir ensemble ; « sous l'opposition des objets et des sujets, il y a le tourbillon des médiateurs » (Latour 1991, p. 67) – des traducteurs, pourrait-on ajouter.

Sans traduction pas de compromis, sans compromis pas de réseaux. En effet, les réseaux résultent dc négociations, de processus de coproduction où contexte et contenu, acteurs et projets s'entre-définissent les uns les autres en permanence. De cette entre-définition, de ces négociations surgissent des compromis qui sont autant de points d'ancrage des réseaux.

Idée ou objet, acteur ou action, le compromis lie entre eux les entités d'une situation et, de ce fait, autorise le réseau ou la commutation sur le réseau. « Le téléphone a beau être universellement répandu, nous savons bien que l'on peut mourir à côté d'une ligne si nous n'y sommes pas branchés par une prise et un combiné » (Latour 1991, p. 159). La prise et le combiné sont les objets du compromis. Dans le cas, évoqué au chapitre précédent, du robot mouleur de camembert au lait cru, l'entité non humaine matérialisait le compromis entre les professionnels attachés à leur savoir-faire et le gestionnaire préoccupé par les progrès que la robotisation pourrait engendrer en termes de productivité ; dès lors, l'entreprise gagnait en stabilité et pouvait être perçue comme une forme de réseau.

Pour toutes ces raisons, et malgré les réserves exprimées ici et là[1], les sociologues de la traduction sont d'authentiques théoriciens de l'entreprise ; leur contribution vient compléter le corpus classique comme celui plus récent de la discipline. Sans doute peut-on même risquer l'idée que son caractère opératoire fait de cet apport un ensemble qui, s'il se déconfidentialise, peut être extrêmement prisé non seulement par les sociologues mais aussi et surtout par les sciences et les hommes de gestion. Le cas Kéramex nous semble en fournir l'illustration.

*

Bibliographie

Bachelard, G. (1938 ; 12e éd., 1983), *La Formation de l'esprit scientifique*, Paris, Librairie philosophique Jacques Vrin.

Borraz, O. (1990), « La science est-elle une sociologie ? », *Politix*, n° 10-11, 2e et 3e trimestres.

Callon, M. (1974-1975), « L'opération de traduction comme rela-

1. En dehors de E. Friedberg, on peut noter d'autres critiques assez vives en provenance de sociologues de l'organisation adressées à M. Callon et B. Latour ; voir notamment O. Borraz, « La science est-elle une sociologie ? », *Politix*, nos 10-11, 2e et 3e trimestres 1990.

tion symbolique », *Incidence des rapports sociaux sur le développement scientifique et technique*, Paris, Maison des sciences de l'homme.

– (1986), « Éléments pour une sociologie de la traduction », *Année sociologique*, vol. XXXVI.

– (éd.) (1988), *La Science et ses réseaux. Genèse et circulation des faits scientifiques*, Paris, La Découverte.

– (1991), « Réseaux technico-économiques et irréversibilités », *in* R. Boyer (éd.), *Figures de l'irréversibilité en économie*, Paris, EHESS.

– et Latour, B. (éd.) (1991), *La Science telle qu'elle se fait*, Paris, La Découverte.

– et Law, J. (1988), « La protohistoire d'un laboratoire », *in* M. Callon (éd.), *La Science et ses réseaux. Genèse et circulation des faits scientifiques*, Paris, La Découverte, p. 66-117.

Friedberg, E. (1993), *Le Pouvoir et la Règle*, Paris, Éd. du Seuil.

Latour, B. (1984), *Les Microbes guerre et paix*, Paris, Métailié.

– (1989), *La Science en action*, Paris, La Découverte.

– (1991), *Nous n'avons jamais été modernes*, Paris, La Découverte.

– (1992), *Aramis ou l'amour des techniques*, Paris, La Découverte.

– (éd.) (1992), *Ces réseaux que la raison ignore*, Paris, L'Harmattan.

– et Woolgar, S. (1988), *La Vie de laboratoire*, Paris, La Découverte.

Mendras, H., et Verret, M. (1988), *Les Champs de la sociologie*, Paris, Armand Colin, coll. « U ».

Popper, K. (1985), *Conjecture et Réfutation*, Paris, Payot.

Reynaud, J.-D. (1988), « Régulation de contrôle et régulation autonome dans les organisations », *Revue française de sociologie*, n° 1/88.

Roqueplo, P. (1989-1990), *Actes du séminaire Condor, Contradictions et Dynamique des organisations*, CRG école Polytechnique, Groupe ESCP.

Thévenot, L. (1985), « Les investissements de forme », in *Conventions économiques*, Paris, PUF, CEE.

LE CAS KÉRAMEX

L'usine est située dans la banlieue d'une grande ville industrielle. Elle a été construite il y a une dizaine d'années, fait partie d'un grand groupe chimique et pharmaceutique et emploie environ 300 personnes. Compte tenu des difficultés économiques passées, on n'y a pas recruté depuis une dizaine d'années. L'âge moyen du personnel y est élevé.

L'usine comporte un secteur fabrication, un secteur « gestion industrielle » (méthodes, ordonnancement, expéditions...) et un important service qualité, ainsi qu'une fonction RH.

Le groupe auquel appartient l'usine est en pleine restructuration et de nombreuses usines sont vendues, ou réorganisées, certaines fermées...

En 1992, le grand projet de cette usine est la construction d'un nouvel atelier qui va fabriquer un nouveau produit, le Kéramex, à marché mondial, à l'aide de techniques nouvelles. C'est un produit auquel les chercheurs croient beaucoup, car il est susceptible de traiter de manière innovante de nombreuses affections hématologiques rebelles aux médicaments actuels. Certains de ses composants étaient auparavant sous-traités : tout sera regroupé désormais à l'usine. Ce projet est vu par la direction de l'établissement comme une preuve de confiance de la part de la direction générale du groupe, et le gage d'un apport de chiffre d'affaires considérable dans une conjoncture difficile. Le délai de réalisation est court (dix mois), mais il va absolument falloir montrer que l'usine est capable de tenir ses engagements. « Si nous ne réussissons pas cet investissement, nous n'en aurons plus d'autres. » Pour les responsables de fabrication (des pharmaciens), il s'agit aussi d'un défi technique.

L'atelier Kéramex sera un bâtiment neuf, à part du bâtiment industriel actuel. Compte tenu de la très stricte réglementation pharmaceutique américaine, qui s'applique à ce produit mondial, du caractère dangereux des composants du produit et du risque de contamination croisée, on ne pourra entrer

→

dans ce bâtiment qu'avec un badge. Au sein du bâtiment, deux zones sont prévues : le conditionnement et la fabrication proprement dite, isolée des autres ateliers. Les salariés devront se changer, se doucher et revêtir une tenue spéciale. Il ne devra y avoir aucune circulation d'air entre les deux zones du nouvel atelier. Le bâtiment devra être conçu pour un fonctionnement quasi autonome : magasinage, entretien, traitement des déchets, laboratoire… seront spécifiques.

L'architecture du bâtiment sera celle d'un bloc, avec très peu d'ouvertures sur l'extérieur, et isolé du reste de l'usine.

A l'heure actuelle, le personnel de production de l'usine est composé de plusieurs groupes :

• *Les ouvrières conductrices de lignes de conditionnement* (K 180) ; elles ont un niveau de formation de base réduit.

La plupart proviennent, comme les opératrices (K 160), d'une ancienne usine fermée aujourd'hui et ont été transférées il y a une dizaine d'années dans l'usine actuelle. Elles se connaissent depuis longtemps, sont soucieuses de maintenir un bon climat entre elles et sont bien sûr préoccupées par l'emploi, dans une entreprise ayant déjà connu des plans sociaux.

• *Les agents de maîtrise*, la plupart hommes, sont d'anciens ouvriers et n'ont pas un niveau technique élevé. On les appelle encore parfois « chefs de table », du temps où, dans l'ancienne usine, le conditionnement n'était pas automatisé. Ils sont fortement syndicalisés.

• *Les ouvriers et ouvrières de fabrication*, dans l'ensemble plus qualifiés que ceux du conditionnement.

• *Les régleurs-dépanneurs* (K 210 à 225), qui interviennent sur les lignes de conditionnement, ont des profils variés, allant de « l'ancienne génération » à dominante mécanique aux nouveaux techniciens à compétence électronique. Ils sont rattachés à la production.

• A l'entretien, il y a des *« experts dépanneurs »*, agents qualifiés intervenant pour les problèmes plus importants.

La tradition de l'usine, héritée de l'ancienne, est d'avoir un climat social assez tendu. De nombreux conflits s'y déroulent, souvent menés par une CGT à tendance trotskiste. La maîtrise adopte une attitude défensive, et est critiquée par l'encadrement pour son caractère traditionnel et son peu d'engagement dans les évolutions de l'usine.

Le responsable fabrication, en accord avec le responsable RH, voudrait mettre en place dans le nouvel atelier une nouvelle organisation, ayant valeur d'exemple pour l'ensemble de l'usine. Ce sera le « secteur phare de l'usine » non seulement sur le plan technique mais aussi sur le plan organisationnel.

L'idée principale est de créer « un nouveau métier, celui de conducteur-régleur » : quelqu'un capable à la fois de conduire une (ou plusieurs) ligne(s) de conditionnement et de faire les réglages de manière autonome. L'isolement de l'atelier Kéramex et la nécessité pour les produits Kéramex de changer souvent de « formats » (c'est-à-dire de type de conditionnement à réaliser sur la même ligne) obligent, selon ces responsables, à cet accroissement d'autonomie.

Le nouvel atelier de conditionnement serait donc composé de deux conducteurs(trices)-régleurs(euses) (s'occupant de deux lignes chacun), aidé(e)s de deux opératrices assurant ces « changements de formats ». Il y aurait un technicien de fabrication (K 225) coiffant l'ensemble et un technicien de maintenance rattaché à l'atelier (K 225-250). Il y aura par ailleurs un laborantin et un cariste dans l'atelier. Le responsable fabrication pense que « Kéramex nous fera casser le mur fabrication-entretien ». Le responsable RH y voit une organisation simplifiée, à deux niveaux de qualification (d'une part conducteurs-régleurs et d'autre part techniciens), plus souple que l'organisation actuelle. « Kéramex aura valeur d'exemple. »

Le responsable entretien est partie prenante de ces objectifs. Tous s'accordent sur la nécessité de « remuer l'usine » et d'évo-

→

luer vers davantage d'autonomie et de souplesse pour tous, surtout pour des produits nouveaux, au marché mondial.

Les élus du CE, informés du projet, n'ont pas pris de position particulière, sinon qu'ils souhaitaient voir ainsi se développer l'emploi. Ils sont aussi très vigilants sur les aspects « hygiène et sécurité » car la rumeur insiste sur le danger de ces produits, que certains prétendent « mal maîtrisés ».

Le directeur de l'usine et le responsable fabrication pensent qu'il est temps de « faire passer cette usine à une culture industrielle ».

La maîtrise, les ouvriers et ouvrières de fabrication, les régleurs-dépanneurs quant à eux paraissent se sentir peu concernés par Kéramex.

Deux groupes s'occupent du projet.

– Un « groupe-chantier » réunit les gens de la direction technique du siège, le cabinet d'ingénierie et le responsable fabrication de l'usine. Il a pour but de faire réaliser la construction du bâtiment, selon le cahier des charges (bâtiment, matériel de fabrication) préalablement établi. Les objectifs sont précis : bâtiment prêt fin juin, matériel installé fin août, démarrage de l'unité en septembre... Le groupe s'active beaucoup. Les plans sont étudiés, certains prototypes de machines sont montés et testés dans un atelier à l'écart du bâtiment principal. Le directeur d'usine suit de très près l'évolution du chantier, notamment sur le plan des coûts et de la qualité.

– Un « groupe de pilotage », composé des responsables fabrication, maintenance, qualité, RH ainsi que du futur responsable de l'atelier. Il a pour but « d'informer le personnel, de définir l'organisation et de recruter et former le personnel du nouvel atelier ».

Après quelques courtes réunions, les idées émises en février-mars par ce groupe sont les suivantes :

– faire appel pour Kéramex à des volontaires salariés actuels de l'usine (ceux-ci étant remplacés à leur poste par des intérimaires fidélisés) ;

– créer deux postes de conducteurs(trices)-régleurs(euses), de coefficient 210, ouverts à tout le monde ;

– veiller à créer une « équipe soudée » autour du responsable désigné, un homme d'expérience reconnu dans l'usine (mais qui n'a pas encore beaucoup de temps à consacrer à ce projet) ;

– les postes de travail du nouvel atelier fonctionneront en horaire normal (certains secteurs actuels sont en deux équipes), mais avec une annualisation du temps de travail, compte tenu de la saisonnalité du produit (de 7 h 30 à 9 h 30 par jour) ;

– les volontaires devront bien sûr accepter les conditions vestimentaires et d'hygiène spécifiques à cet atelier.

Une description des « postes à pourvoir » est diffusée en mars : le responsable de fabrication se déclare prêt à recevoir toute personne intéressée pour donner des renseignements complémentaires.

Les premiers contacts ne sont guère encourageants.

Une ouvrière déclare qu'elle préfère rester travailler avec ses collègues habituels, qu'elle connaît depuis dix ans... Une autre indique : « Des petits réglages, on en fait déjà... »

Plusieurs posent des questions sur les possibilités d'embauche externe procurées par ce nouvel atelier.

Par ailleurs, on parle de plus en plus souvent de Kéramex dans le journal de l'entreprise : le produit, ses nouvelles particules, les machines que l'on va acheter, le marché mondial, la Food and Drug Administration et sa sévérité, etc.

Nous sommes début avril 1992. L'équipe de pilotage et notamment le responsable fabrication s'interrogent sur la démarche. Il n'y a pour l'instant que très peu de candidats adaptés. Faut-il préciser l'organisation davantage ? Que faut-il faire pour informer le personnel et attirer des candidats ? La nouvelle organisation envisagée est-elle réaliste ? Comment avancer dans le projet ?

GUIDE D'EXPLORATION

Si l'on cherche à appliquer une grille « traduction et réseaux », on peut procéder de la manière suivante :

→

1. Repérage des actants et des enjeux

– Pour la direction de l'usine, les enjeux sont très importants : relever le défi, assurer un accroissement d'activités, lancer une fabrication nouvelle…

– Pour les responsables de fabrication également : construire un outil neuf, correspondant aux exigences les plus difficiles, fabriquer un nouveau médicament…

– Pour la maîtrise et les ouvriers, ces enjeux n'existent pas. On voit évidemment une préoccupation autour du développement de l'emploi, exprimé ouvertement par les représentants du personnel. Mais les enjeux de nouveauté, de défi technique ne sont pas les leurs…

2. Problématisation

Pour l'instant peu visible. Du côté direction et ingénieurs, il s'agit d'un changement espéré, et d'une référence à des éléments techniques et commerciaux. On prête à Kéramex toutes les vertus potentielles (on le fait parler…) : un produit mondial, un exemple d'organisation, des postes à « nouveau métier », etc.

Pour faire avancer positivement le projet, il faudra construire ce « bien commun » : la qualité du produit et l'utilité du médicament ? le développement de l'emploi ? la compétition par rapport aux autres usines ?

Du côté des ouvriers, on ne voit guère d'avantages à aller travailler dans ce nouvel atelier ; les références sont la convivialité, la proximité, l'emploi…

3. Attribution des rôles aux « actants »

Kéramex a un rôle énorme… Par contre, peu d'acteurs se voient dotés d'un rôle clair dans la « traduction » du problème. Le responsable de fabrication s'implique dans le projet, mais n'est pas placé dans une position qui fasse de lui un vrai traducteur vis-à-vis du personnel.

4. Constitution du réseau

Les deux groupes de travail fonctionnent isolément. L'un est plus centré sur le réseau technique largement externe à l'usine et pourtant a pris toutes les décisions essentielles du projet. L'autre intègre peu d'acteurs et paraît aussi coupé de la vie sociale de l'usine (direction ? maîtrise ? ouvriers ?). Il n'y a pas de dispositifs permanents rendant visible le projet, informant concrètement le personnel. La direction fait parler Kéramex pour elle-même. Ce projet ne « dit » rien à personne d'autre...

5. Vigie et surveillance

Quasi inexistante, puisque le réseau est faible.

On peut déduire de cette analyse quelques pistes d'action :

– développer l'information du personnel sur des données pertinentes pour lui (emploi, conditions de travail, évolutions de l'usine...) ;

– clarifier et rendre visibles les éventuels enjeux positifs pour les salariés qui accepteront d'aller travailler à Kéramex : coefficient, formation, perspectives d'évolution de carrière, prestige, etc. ;

– élargir le groupe de travail sur l'organisation, afin d'y associer davantage d'acteurs ;

– associer la maîtrise, y compris au stade de l'information ;

– chercher à dégager avec les représentants du personnel un point d'accord concret – provisoire – autour de la réussite de cet investissement (« bien commun » ?) ;

– chercher un « traducteur » pertinent (le responsable du futur atelier pourrait en être un...) ;

– poursuivre l'effort d'information ainsi entamé tout au long du chantier (réunions, visites, etc.).

4
Les logiques d'action

Tout au long de cet ouvrage nous avons suggéré et souligné :

– la nécessité d'aller vers un élargissement-dépassement du corpus classique de la sociologie des organisations ;

– l'impossibilité de penser l'entreprise en dehors d'une dialectique permanente du conflit et de la coopération ;

– l'obligation d'une réarticulation d'ensembles théoriques se donnant à voir comme exclusifs les uns des autres.

Ces propositions renvoient au projet ambitieux de développer ce que nous avons nommé ailleurs la sociologie des logiques d'action (Bernoux et Herreros 1992) ; nous allons nous contenter ici de présenter quelques-uns des contours théoriques et méthodologiques de cette sociologie, dont des développements plus approfondis feront l'objet d'une publication ultérieure.

LES LOGIQUES D'ACTION : UNE POSTURE THÉORIQUE

La notion de logiques d'action se justifie pour au moins deux raisons. La première réside dans le fait qu'elle invite à une multipolarité théorique. En d'autres termes, la référence à cette notion souligne la nécessité qu'il y a de fédérer, d'articuler, des concepts qui, entièrement autonomisés les uns des autres, perdent de leur rendement heuristique. Notre premier souci consiste donc à jeter des ponts entre théories, écoles, paradigmes ; la notion de logiques d'action contient cette intention. La seconde raison qui nous pousse à suggérer une approche en termes de logiques d'action, lorsqu'il est question d'appréhender l'entreprise ou l'organisation, réside dans la nécessité qu'il y a, selon nous, à lester l'« acteur », tout du moins celui de la théorie classique des organisations (Crozier et Friedberg 1977), de dimensions historiques, culturelles, qui sont trop rapidement exogénéisées par le raisonnement stratégique…

Évidemment, la mobilisation simultanée ou successive – dans tous les cas articulée – de notions, de concepts ou de paradigmes qui ont été pensés séparément soulève quelques interrogations. Peut-on rapprocher des axiomatiques qui s'excluent ? L'hybridation des constructions théoriques ne conduit-elle pas à un affaiblissement desdites constructions ? L'articulation de concepts qui ont été pensés séparément n'est-elle pas artificielle ? Quel est le statut de cette accumulation dont P. Bourdieu (*in* Bourdieu, Chamboredon et Passeron 1968) pourrait dire qu'elle est non scientifique tout en n'étant « même pas fausse » ?

Ces questions appellent deux types de justifications : les unes relèvent du registre épistémologique, les autres permettent de présenter les éléments constitutifs de cette sociologie des logiques d'action et s'enracinent donc dans le champ théorique.

Une justification épistémologique

Les théoriciens de l'entreprise ou plus généralement des systèmes d'action organisée, qu'ils appartiennent aux courants « classiques » ou « récents », s'emploient beaucoup plus à étanchéiser leurs modèles théoriques qu'à les enrichir des productions de leurs concurrents. En effet, le plus souvent, tout se passe comme si chacun défendait sa construction théorique en s'efforçant de la transformer en forteresse imprenable. Cette attitude nous paraît devoir être dépassée.

Un cloisonnement effectif et préjudiciable

L'ignorance réciproque dans laquelle se tiennent les sociologies de l'entreprise, développées à partir des corpus « récent » ou « classique », trouve illustration sans grande difficulté[1]. Les théories de l'acteur (M. Crozier), de l'identité professionnelle (R. Sainsaulieu), des règles du jeu (J.-D. Reynaud) ne sont jamais citées en référence – tout du moins dans

1. Le propos mérite d'être relativisé dans la mesure où depuis 1992 des échanges – encore timides – ont eu lieu entre les différentes sociologies auxquelles nous faisons référence. Par exemple, citons les travaux entrepris dans le cadre du GDR (Groupement de recherches, structure du CNRS réunissant les équipes appartenant à des disciplines différentes. Ici, le GDR « relations professionnelles ») autour des règles ayant conduit les conventionnalistes à dialoguer avec des chercheurs du CSO, ou bien encore le récent symposium organisé autour de l'ouvrage de E. Friedberg (1993), au cours duquel O. Favereau, économiste dont les travaux s'inscrivent dans une logique proche de celle de L. Thévenot ou de L. Boltanski, exprime son point de vue (1994). Précisons au passage qu'en compagnie de Favereau, Boltanski et Thévenot, on compte bien d'autres auteurs se rattachant à cette école ; parmi eux : J.-P. Dupuy, F. Eymard-Duvernay, Y. Crozet…

leurs ouvrages fondateurs – par les conventionnalistes et les sociologues de l'innovation. En effet, les uns et les autres réussissent ce tour de force de ne jamais mentionner les auteurs du corpus classique tout au long des milliers de pages de leurs ouvrages principaux. Ni *Les Économies de la grandeur*, ni *De la justification,* pas plus que *La Science et ses réseaux* ou *Aramis* ne laissent entrevoir la moindre référence à M. Crozier, R. Sainsaulieu ou J.-D. Reynaud. Lorsque, d'aventure, se glisse une allusion, soit elle est beaucoup trop elliptique pour susciter une controverse ouverte[1], soit elle est aiguisée en forme de couperet et ne laisse guère de possibilité d'échange[2].

En retour, les thèses développées par les auteurs « classiques » sont le plus souvent absolument vierges de toute référence aux sociologues du corpus « moderne » Ainsi, ni R. Sainsaulieu (1987) ni M. Crozier (1989) ne mentionnent jamais leurs concurrents. Et, lorsque, par exception, cette règle semble être transgressée, les formes de la référence soulignent – aux yeux des auteurs – le degré d'étanchéité de leurs univers théoriques. En atteste notamment le fait que J.-D. Reynaud, lorsqu'il mentionne les travaux des conventionnalistes – en l'occurrence R. Salais et L. Thévenot –, reste très lapidaire (1988, p. 22, 90, 147), tout en laissant dans l'ombre l'ouvrage phare de ce courant théorique *(Les Économies de la grandeur).*

1. Lorsque L. Thévenot et L. Boltanski citent rapidement J.-D. Reynaud (Boltanski et Thévenot 1991), ils commettent un oubli, que nous retenons comme un indicateur, en ne le référençant pas dans leur bibliographie.

2. Par exemple, dans son commentaire de l'ouvrage de J.-D. Reynaud, Eymard-Duvernay (1990), après avoir établi un parallèle entre les intentions de recherche de l'auteur et celles des « conventionnalistes », aboutit à un verdict sans appel : « … une divergence importante existe à l'évidence entre les théories de Boltanski et Thévenot et celles de J.-D. Reynaud ».

De même, lorsque E. Friedberg (1993) évoque Callon et Latour d'une part, Boltanski et Thévenot d'autre part, il rejette sans autre forme de procès les premiers pour cause d'anthropomorphisme lyrique [1], et ne consacre que de trop rapides passages aux seconds [2].

De 1986 à 1992, malgré des milliers de pages écrites par les uns et les autres, la controverse ouverte entre les différents modèles théoriques proposés n'a pas eu lieu et les efforts tentés susmentionnés n'ont pas effacé ce sentiment d'ignorance réciproque.

Pourquoi, lorsqu'on privilégie une analyse organisationnelle en termes de pouvoir (Crozier et Friedberg 1977), de régulation conjointe (Reynaud 1988) ou d'identités (Sainsaulieu 1977), écarter toute approche renvoyant aux fondements des accords et conventions sur lesquels repose le fonctionnement des entreprises et des organisations (Boltanski et Thévenot 1987) ?

Réciproquement, pourquoi, dès lors que sont mobilisés les concepts de cités (L. Boltanski, L. Thévenot) ou de réseaux socio-techniques (M. Callon, B. Latour), que les compromis et les convergences entre actants occupent le centre de l'analyse, toute référence explicite aux dimensions stratégiques du comportement de l'acteur et à ses composantes identitaires serait-elle exclue ?

Tous regardent et analysent l'entreprise mais chacun découvre en elle un objet particulier. Les uns pointent la question du pouvoir, les autres le thème de la culture ou encore les mécanismes de coordination de l'action par l'ac-

1. Reprenant l'article de M. Callon et J. Law [*in* Callon (éd.) 1988], E. Friedberg se livre à une critique sévère de ce qu'il appelle un anthropomorphisme qui pousse à l'excessif (1993, p. 204 *sq*.).

2. E. Friedberg commente si rapidement le travail des conventionnalistes qu'il tient à s'en excuser auprès des auteurs dans une note de bas de page (*ibid*., p. 260, n. 14).

cord, mais jamais les sociologues mentionnés ne saisissent l'entreprise comme un espace multi-formes : lieu de rivalités et de relations de pouvoir, de production de règles et de cultures, de systèmes d'équivalences.

Cette ignorance réciproque engendre plusieurs difficultés :

– La première est théorique ; les multiples modèles de lecture fragmentent l'objet d'étude au point de ne plus rendre compte de sa cohérence globale. Ainsi le réel résiste à l'analyse et, comme toujours dans de pareils cas, ce n'est pas le réel qui court le risque de se dissoudre mais les supports d'analyse en question. En d'autres termes, la fragmentation théorique nuit à la crédibilité de la sociologie de l'entreprise.

– La seconde difficulté engendrée par ce cloisonnement est d'ordre pratique. Les gestionnaires et intervenants en entreprise ayant bien du mal à tirer des connaissances de synthèse de ce que proposent les sociologues finissent par rejeter la sociologie, perdant ainsi de vue quelques-uns des enseignements clés de cette discipline. Bien sûr, l'entreprise peut être gérée sans connaissance sociologique de son fonctionnement ; nous avons la naïveté de penser que chacun peut malgré tout tirer parti de la lecture du sociologue.

Pour toutes ces raisons, le cloisonnement théorique est un obstacle qu'il faut surmonter. D'aucuns diront qu'il y a là une préoccupation strictement pratique, qu'elle ne correspond pas à la logique de l'activité et de la production scientifiques, dont l'épistémologie bachelardienne et poppérienne ne cesse de rappeler qu'elle repose sur l'idée de rupture et non d'accumulation. D'autres évoqueront un œcuménisme ou une forme de syncrétisme plus naïf que réellement théorique, le mariage d'axiomatiques différentes conduisant à d'inconcevables apories.

Nous rejetons ces critiques, non seulement d'un point de vue pratique mais aussi au nom de l'épistémologie.

Une épistémologie non poppérienne

La réflexion épistémologique, qu'elle relève de la tradition bachelardienne et poppérienne ou se réfère à Kuhn, est (presque) tout entière tournée vers l'idée de « pureté » scientifique. Pour ces auteurs, la scientificité dépend du degré de cohérence interne des modèles scientifiques proposés et des conditions de leur production. Avec les notions de champ, de rupture ou de coupure épistémologique (Bachelard 1938), de conjectures, de réfutations, de falsification (Popper 1985), ou bien, dans un autre registre, de révolution scientifique et de changement de paradigme (Kuhn 1983), ces épistémologues invitent tous à associer la production scientifique à un processus de rupture non seulement avec le sens commun mais aussi avec la science passée. Selon eux, de la rupture avec les pères fondateurs, de la logique non accumulatrice, dépend la scientificité ; l'autonomie d'un champ, d'un modèle, d'un paradigme engendre la cohérence et la solidité des constructions théoriques. A partir d'une telle perspective, rapprocher, comme nous le suggérons, des formes théoriques indépendantes nous condamne à une hérésie que les gardiens de la science n'acceptent pas : « ...c'est à son pouvoir de rupture et à son pouvoir de généralisation, les deux étant inséparables, que l'on reconnaît le modèle théorique : épure formelle... » (Bourdieu, Chamboredon et Passeron 1968, p. 79) ; « Ce n'est pas un hasard si l'indifférence aux principes condamne à un opérationnalisme qui borne ses ambitions à "sauver les apparences", quitte à proposer autant de modèles qu'il y a de phénomènes ou à multiplier pour un même phénomène des modèles qui ne sont même pas contradictoires parce que, produits d'un bricolage savant, ils sont également dépourvus de principe » (p. 76). La sentence est sans appel : « bricolage ».

Pourtant, en dehors de cette tradition épistémologique (incontestablement dominante), se déploie une argumentation qui fait dépendre la connaissance scientifique d'une tout autre démarche. P. Feyerabend (1979), puis plus récemment M. Dogan et R. Parhe (1991), mais aussi M. Callon et B. Latour eux-mêmes, chacun à leur manière, ont offert un cadre moins rigide, moins implicitement chargé de cloisonnements, à la réflexion épistémologique [1]. La justification scientifique de la sociologie des logiques d'action puise son argumentaire dans quelques-unes de leurs propositions...

En posant comme condition de la scientificité d'une théorie son degré de falsifiabilité, K. Popper a ouvert la voie à la cohabitation des modèles pour aussitôt la refermer en insistant sur le caractère non cumulatif de la connaissance scientifique. P. Feyerabend (1979), élève indiscipliné et romantique de K. Popper, en prônant une « épistémologie anarchiste », sous-titre de son ouvrage majeur, fournit quelques arguments décisifs au choix que nous exprimons. « Non seulement la description du moindre fait dépend d'une théorie, mais certains faits ne pourraient jamais être relevés sans recourir à des théories rivales... » (1979). Cette position est exactement celle que nous préconisons : la connaissance de l'entreprise passe par la mise en collaboration de théories rivales. Du point de vue de l'épistémologie poppérienne, ce choix peut paraître déraisonnable. « Adieu la raison », scande P. Feyerabend (1987) ; la compréhension des faits sociaux exige l'option du « tout est bon ». (Nous reprenons le propos à notre compte, dans une perspective proche de ce que R. Pahre et M. Dogan suggèrent.)

Ces deux auteurs défendent en effet eux aussi l'idée de la nécessité d'un déplacement des objets, des concepts et des

1. Chez M. Serres, de même que parmi les philosophes pragmatiques américains, on peut retrouver des tendances épistémologiques comparables.

méthodes d'un champ à l'autre, d'une discipline à l'autre, prêtant à cette posture épistémologique des vertus en matière d'innovation scientifique. « Le déplacement d'un concept d'un champ à un autre permet de nouvelles connaissances », suggèrent-ils ; à leur tour, ils justifient l'hérésie, prenant l'exemple de Copernic : « Les œillères qui limitaient sa contemplation des cieux ont eu un rôle fonctionnel. Il fut si perturbé par des écarts de quelques degrés dans la prédiction astronomique que pour les expliquer il consentit à adopter une véritable hérésie cosmologique : le mouvement de la terre » (Dogan et Pahre citant Kuhn, p. 184).

Enfin, M. Callon et B. Latour, eux aussi, invitent à prendre de la distance avec la tradition actuelle de l'épistémologie. Soutenant l'idée selon laquelle la capacité à constituer des réseaux (d'hommes et d'objets) socio-techniques fonde la production des faits scientifiques et détermine leur légitimité, ils rompent avec la conception classique qui attache la scientificité d'un fait à ses qualités intrinsèques et aux conditions internes de sa production. De ce point de vue, la force d'un fait scientifique est dans la solidité du réseau qui le porte ; à l'extrême, on peut donc considérer que la cohérence avec laquelle le fait est construit importe moins que celle avec laquelle le réseau s'élabore. Cette proposition, nous l'entendons comme un nouvel appel à la reconnaissance d'une épistémologie non rationaliste.

La sociologie des logiques d'action, parce qu'elle prétend réconcilier l'inconciliable et qu'elle fait de ce principe une condition de la compréhension de son objet, relève entièrement de cette famille épistémologique. Y aurait-il de l'hérésie à vouloir combiner M. Crozier et L. Boltanski, R. Sainsaulieu et M. Callon, que nous l'assumons. Bien sûr, ces auteurs ne se confondent ni d'un point de vue scientifique ni sur le plan idéologique ; mais ce n'est pas de confusion dont il est question, simplement de collaboration, et dans cette perspective nous reprenons à notre compte les propos de P. Feyerabend : « Une collaboration [théorique] n'a pas besoin d'une idéologie commune » (Feyerabend 1987, p. 24).

Fondements théoriques

Les chapitres précédents ont d'une part présenté les théories de l'organisation et de l'action qui nous semblent les plus fécondes à la réflexion sur l'entreprise et d'autre part suggéré leur rapprochement en fournissant quelques indications théoriques sur les possibilités dudit rapprochement. Nous n'avons donc pas l'intention de reprendre ici le propos. Plus généralement, nous voulons suggérer ce qu'il faut entendre par logiques d'action, ce que sont les niveaux d'analyse qu'il convient d'explorer pour comprendre le fonctionnement des organisations à partir d'une telle perspective. Ainsi, après avoir justifié notre choix terminologique, nous traiterons de quelques-uns des implicites contenus par la notion de logiques d'action, puis nous désignerons les références théoriques qui doivent être convoquées pour conduire une analyse dans une telle perspective.

A propos de la terminologie

L'utilisation intensive de la notion de logiques d'action est inversement proportionnelle à l'effort de définition que ses utilisateurs ont jusqu'ici consenti. Depuis quelques années, en effet, de nombreux articles et ouvrages de sociologie ont consacré la notion, mais jamais, à notre connaissance, elle n'a fait l'objet de la moindre définition. Nous allons d'abord illustrer le propos avant de risquer une définition des termes en question.

Une utilisation fréquente

Employé au singulier ou au pluriel, accolé le plus souvent à un déterminant, le terme de « logique » traverse la littérature sociologique, notamment celle préoccupée par l'analyse de l'entreprise. Les exemples abondent. Titres d'ouvrages ou d'articles tout d'abord : *Logique de la connaissance et Logique de l'action* (M. Berry 1984), « Logique de la production et logique du calcul » (J.-P. Darré 1985), « Logique d'investissement, logiques d'industrialisation » (M. Maurice 1986), *La Logique de l'honneur* (P. d'Iribarne 1989)...

Quant aux citations, elles pourraient être innombrables : « l'entreprise [...] organisation complexe impliquant des compromis entre plusieurs logiques d'action » (Boltanski, Thévenot *et al.*1989, p. V) ; « en passant de l'entreprise patronale à l'entreprise managériale, on passe d'un gouvernement par les ordres à un gouvernement par les règles, de l'obéissance à un chef à l'adhésion à une logique » (de Gaulejac 1987) ; « la connaissance d'une réalité sociale [...] [c'est] retrouver la logique interne d'un mouvement social » (Reynaud 1989, p. 281) ; « la tâche désormais indispensable de la théorie comme de la pratique est de rendre possible l'élaboration et la mise en œuvre d'une logique qui puisse répondre au nouveau contexte » (Crozier 1990, p. 36) ; « la clarification des logiques organisationnelles probablement coexistantes au sein d'une même entreprise [...] devient donc une nécessité impérative du développement » (Sainsaulieu 1987, p. 82).

Auteurs « classiques » et « modernes », par-delà les cloisonnements théoriques qu'ils s'emploient à édifier, comme pour se protéger les uns des autres, se retrouvent, malgré eux, dans le recours systématique à la notion de « logiques » et de « logiques d'action ». En ne clarifiant pas la terminologie employée, ces chercheurs laissent entendre qu'il y a une forme d'évidence du sens de cette notion ; comme toujours, là où l'évidence règne sans partage, c'est le doute que le sociologue doit lui préférer. Notre hypothèse suggère donc que, là où les chercheurs aperçoivent une rationalité sans en percer l'origine, l'expression « logique(s) » vient combler le vide. Si le sens de cette logique n'est pas donné, au moins l'idée de rationalité est-elle sauvegardée. Ainsi, évoquer les logiques d'action, c'est introduire l'idée qu'il y a une pluralité d'instances où s'originent les formes du lien social, mais ne pas définir l'expression revient à abdiquer dans la description de ces instances. Nous refusons cette abdication.

Autour de l'origine des termes

Le terme de « logique » trouve ses origines dans le champ de la philosophie ; celui d'« action » mobilise prioritairement la sociologie.

D'Aristote à Habermas (1987), la philosophie s'est emparée de « la logique » tout autant que les « sciences exactes ». En effet, c'est avec l'*Organon* que l'on peut tenter de retrouver les premiers développements philosophiques sur le sens accordé à la logique. L'Organon – l'instrument – fonde la logique formelle comme capacité à déduire, à proposer, à réfuter. Pour la philosophie, la logique devient une science de la déduction ; elle permet d'accorder les « prémisses » à la « conclusion », en d'autres termes elle désigne à la fois les méandres du raisonnement qui font s'accorder ce qui suit avec ce qui précède, mais aussi, plus généralement, le lien entre l'origine et la fin, ou bien encore – en des termes plus sociologiques – l'intention et l'action.

Ainsi conçue, « la logique est une méthode pour atteindre le vrai », elle est « une déduction [...] une opération qui concerne au moins deux énoncés, elle est correcte ou non, indépendamment de la vérité ou de la fausseté individuelle de ces énoncés » (Ruyer 1990).

Pour le sociologue s'inspirant de ces développements, retrouver la logique ou les logiques à l'œuvre, c'est prendre la piste sinueuse des choix opérés par l'acteur et rendre compte de ce qui les fonde. Par ailleurs, on peut aussi déduire de cette conception que les logiques ne se laissent identifier que par l'exercice de la logique.

Chez un sociologue comme V. Pareto, les actions humaines relèvent soit d'actions logiques soit d'actions non logiques ; la sociologie serait plutôt, selon lui, la science permettant de comprendre les actions non logiques : « Nous appellerons actions logiques les opérations qui sont logiquement unies à leur but, non seulement par rapport au sujet qui accomplit ces opérations, mais encore pour ceux qui ont des connaissances plus étendues [...] Les autres actions seront dites non logiques, ce qui ne signifie pas qu'elles soient illogiques » (Pareto 1968, p. 67). Dans l'acception qui est la nôtre, le raisonnement est inverse. La sociologie permet de reconstituer une ou des logiques là ou le chaos semble présider. En ce sens, la notion est beaucoup plus wébérienne que parétienne.

En effet, c'est chez M. Weber que l'on trouve la tentative la plus systématique pour faire de la sociologie l'outil scientifique par lequel peuvent être exhumées les rationalités à l'œuvre dans les comportements d'acteurs. Les très célèbres formes idéales typiques de la rationalité de l'action (la tradition, l'affectif, les valeurs, les buts) constituent en effet un exercice de recomposition des logiques d'action. Ainsi pour celui qui mobilise la notion de « logique d'action », la référence à M. Weber est incontournable ; les rationalités multiples ne sont identifiables comme telles que dans le cadre d'une sociologie compréhensive...

Ces quelques évocations théoriques plantent le décor

duquel surgit la notion de logiques d'action. Reste à préciser pourquoi ce terme est préféré à celui de logiques d'acteur.

Le concept de logique d'acteur a été développé surtout par Renaud Sainsaulieu (1977). Utilisant le terme pour expliquer certaines réactions collectives de différents groupes sociaux de l'entreprise, groupes à base professionnelle, créant ou défendant leur identité dans l'entreprise, l'auteur définit les logiques d'acteur comme reposant sur des idéologies rationalisatrices porteuses de valeur, une culture née de la pratique du travail et des relations de travail, et enfin l'expérience stratégique des rapports de pouvoir. Ces logiques ont deux caractéristiques. D'abord, ce sont des logiques collectives. Celles-ci ne se définissent pas seulement par un intérêt commun, mais par un capital, un passé, une définition commune acceptée en groupe, une culture commune vue dans une perspective d'un apprentissage culturel collectif. La culture est définie comme une « articulation entre les normes de relations, les valeurs de l'action et les orientations idéologiques en fonction des processus d'apprentissage de capacités stratégiques en organisation » (Sainsaulieu 1977, p. 350). La seconde caractéristique des logiques d'acteur est que, dans leur rapport à la culture, elles désignent des cohérences qui ne sont pas seulement globales. Il y a négociation des acteurs les uns avec les autres, mise en commun, accord, et finalement rationalité commune mais partielle dans un jeu collectif. Chacun essaie d'imposer sa rationalité à l'autre, c'est-à-dire les règles du jeu qu'il est capable de jouer. Chaque groupe d'acteurs de l'entreprise se verra définir un modèle de relations, d'action collective, la logique d'acteur se structurant dans la confrontation aux autres. Cette notion est incontestablement féconde, mais, en situant les logiques chez l'acteur et non dans l'action, elle met l'accent sur une dimension assez statique. L'acteur semble préexister à l'action. Tel n'est pas notre point de vue ; l'acteur n'existe pas en soi mais il est construit et défini comme tel par son action. C'est pourquoi il semble préférable de parler de logiques d'action, les logiques pouvant évoluer en fonction des actions envisagées et non être définies à partir des acteurs pris en eux-mêmes.

L'implicite : l'analyse simultanée du conflit et de la coopération

Notre projet de faire tenir ensemble les sociologies analysant les conditions de l'accord et celles privilégiant l'importance des relations de pouvoir a été déjà longuement débattu tout au long de ce qui précède, nous n'allons donc pas reprendre l'argumentation ; toutefois, parce que pour l'ensemble des acteurs de l'organisation les questions de la collaboration et de l'affrontement sont au centre de leur préoccupation, au cœur de leur quotidienneté, parce que les partenaires des relations professionnelles (État, patronat, syndicats) sont sans cesse à s'interroger sur le bien-fondé du conflit ou de la coopération, nous allons montrer en quoi l'un et l'autre cohabitent et/ou alternent. Il y a dans ce propos un appel aux acteurs de l'entreprise comme aux analystes de celle-ci : l'agir-ensemble est fondateur de la démocratie dans l'entreprise comme dans la cité. Il passe aussi bien par la coopération que par le conflit. Avec ce thème, nous sommes encore en limite de développements ayant trait à la méthodologie et d'autres plus centrés sur les fondements théoriques de notre perspective, ce qui explique le recours aux thèses d'un philosophe, plus théoricien que praticien ou méthodologue : J. Habermas[1].

1. L'auteur est incontestablement une référence importante pour les sociologues appartenant au courant des conventions et dans une moindre mesure pour ceux de l'innovation puisque les uns et les autres, dans leurs ouvrages respectifs, le citent abondamment. D'un abord difficile, le texte majeur de Habermas (1987a) gagne à être relayé par la lecture de son essai sur la logique des sciences sociales (1987b).

L'héritier de l'École de Francfort fournit une argumentation essentielle à la compréhension de notre propos ; même si la notion d'agir communicationnel est autrement dense et large que celle de l'agir-ensemble que nous venons d'évoquer, nous reprenons à notre compte, et à notre échelle, sa thèse. Dans un essai d'explicitation du concept d'activité communicationnelle (Habermas 1987a, p. 413-446), le philosophe rappelle la question à laquelle il s'efforce de répondre : « Comment l'ordre social est-il possible ? » (p. 413). A travers la réponse qu'il avance, il développe une position sur laquelle la sociologie des logiques d'action prend appui. « La théorie sociologique de l'action ne s'intéresse pas seulement aux caractéristiques formelles de l'activité sociale en général, elle s'intéresse aussi aux mécanismes de coordination des actions permettant une connexion régulière et stable des interactions [...]. Cette condition s'applique à la fois aux comportements stratégiques et aux comportements coopératifs » (p. 414). Les notions d'accord et de stratégie, telles qu'elles sont utilisées ici par l'auteur, renvoient exactement à ce que nous avons évoqué plus haut. L'analyse du lien social (au sein de l'entreprise comme de toute autre sphère sociale) passe par la compréhension simultanée de ce qui relève du calcul stratégique et de l'exercice de la coopération.

Plus loin, J. Habermas lève toute ambiguïté sur ses intentions : « L'accord et l'influence sont des mécanismes de coordination de l'action qui s'excluent, du moins du point de vue des intéressés. Il est impossible d'engager des processus d'inter-compréhension dans l'intention d'aboutir à un accord avec un participant à l'interaction et en même temps dans le but de l'influencer, c'est-à-dire d'exercer sur lui une action causale » (p. 417). En d'autres termes, accord et influence (ce dernier terme étant entendu comme une action qui vise au succès stratégique) sont des modes d'interaction qui, s'ils s'excluent du point de vue des acteurs, sont des objets dont la cohabitation, dans la complexité des interactions d'une situation, reste possible ; l'analyste se doit de les identifier et de recourir pour cela tantôt à un modèle tantôt à un autre. Selon Habermas toujours, il existe plusieurs modes de gestion possibles de la relation entre acteurs : par l'inter-compréhension ou par l'influence. Autrement dit, pour clarifier le mode de gestion dominant utilisé au sein d'une entreprise, il faudra recourir à la figure théorique la plus à même d'élucider les logiques en présence.

Le continuateur de l'École de Francfort est on ne peut plus explicite : « Je considère l'activité communicationnelle [que l'on peut comprendre comme celle qui recherche « les conditions d'un accord permettant aux participants à l'interaction de réaliser leurs projets d'action respectifs » (p. 418)] et l'activité stratégique comme deux types d'activité sociale qui constituent des alternatives dans la perspective des acteurs eux-mêmes ; des participants à l'interaction ont la faculté plus ou moins intuitive de choisir entre l'attitude inter-compréhensive et la recherche du succès. En revanche, seule l'analyse permet de distinguer entre les structures de l'activité finalisée [entendre par là l'activité stratégique, c'est nous qui le précisons] et celles de la communication » (p. 442).

L'attitude inter-compréhensive et la recherche du succès correspondent pour Habermas à des modes de coordination de l'action qui vont tantôt privilégier l'accord, tantôt le calcul stratégique. Selon les cas, il faudra varier l'utilisation des modèles théoriques. Les uns permettant d'éclairer l'activité finalisée (recherche du succès, stratégie...), les autres l'attitude inter-compréhensive (communication, accord...). La sociologie des logiques d'action renvoie à cet effort d'analyse qui vise à rendre compte des différents niveaux où s'enracinent les comportements des acteurs – seraient-ils contradictoires ; c'est pour cela qu'elle suppose l'activation d'une pluralité d'approches.

La thèse de l'agir communicationnel de J. Habermas, telle que nous la comprenons, fournit à la sociologie des logiques d'action de solides arguments permettant de réfuter par avance toute critique exprimée contre une forme de syncrétisme, lui opposant l'idée du nécessaire recours à la pluralité des modèles pour saisir la pluralité des logiques. La diversité des constituants des logiques d'action pousse à la mobilisation simultanée de plusieurs théories.

Les constituants d'une analyse des logiques d'action

Pour simplifier le propos à l'extrême, nous pouvons suggérer une définition de la sociologie des logiques d'action à travers une équation élémentaire :

l'acteur[1] + la situation d'action = logiques d'action

Évidemment, l'aspect réducteur contenu dans cette proposition la rendrait irrecevable si elle était destinée à se suffire à elle-même ; néanmoins, elle a une fonction pédagogique et permet de délimiter l'espace à l'intérieur duquel se construit le raisonnement autour des logiques d'action.

L'acteur individuel ou collectif, assurément stratégique mais également doté d'une histoire et d'une identité, nourrissant des projets professionnels et extraprofessionnels, mobilisant des systèmes d'équivalence, opérant des traductions ou étant lui-même traduit, vivant avec ses pulsions, doit, pour être cerné, être observé à partir des multiples instances dans lesquelles il s'origine. De même, la situation d'action en

1. Bien évidemment, l'acteur dont il est question ici n'est pas uniquement l'acteur stratégique de M. Crozier ; il est aussi un acteur historiquement et culturellement constitué.

tant que moment historique – mais aussi mythique et symbolique –, espace circonstancié et singulier, dispositif d'objets et de sujets plus ou moins finalisé, revêt une figure composite qui ne se laisse pas plus résumer à une simple microsituation qu'elle ne peut se soustraire à cette même dimension.

De la rencontre entre cet acteur et cette situation d'action (l'un n'existant pas sans l'autre et aucun des deux objets n'ayant le primat sur l'autre) naissent les interactions qui permettront aux logiques d'action de se matérialiser. Produire une sociologie des logiques d'action, c'est reconnaître la pluralité des instances dans lesquelles se construisent les logiques ; cela condamne le sociologue à mobiliser les outils théoriques conçus pour mener les investigations sur chacune desdites instances, et par là même à produire les médiations nécessaires à la cohabitation des formes théoriques.

On le voit, notre projet, qui vise dans cet ouvrage à articuler des théories récentes (sociologies des conventions et de l'innovation) avec d'autres plus classiques (analyse stratégique et culturelle), ne constitue donc qu'un moment (essentiel, certes) d'une analyse des logiques d'action. En effet, l'évocation qui suit des différentes instances que l'analyste doit explorer conduit à ouvrir le champ de l'analyse encore plus largement que nous ne l'avions laissé entendre jusqu'alors. Cela ne signifie en rien que le diagnostic organisationnel qui se construirait uniquement à partir des théories évoquées jusque-là ne serait pas satisfaisant, mais nous voulons montrer que, dans la perspective d'une sociologie des logiques d'action, l'ouverture, la multiplication des regards restent la règle. Aussi les développements qui suivent n'ont-ils pas pour objectif de proposer une discussion de théories qui n'auraient pas été traitées jusque-là ; ils sont évoqués à titre d'illustration de ce que suppose la notion de logiques d'action.

Le premier terme de l'équation que nous avons proposée est celui d'acteur.

L'acteur

Comme nous l'avons montré plus haut, l'acteur est non seulement stratégique, identitaire et culturel (ce sont les niveaux auxquels nous avons accordé notre attention et nous continuerons de le faire dans la seconde partie méthodologique), mais il est aussi social-historique, groupal et pulsionnel. En première approche, cela peut sembler contradictoire. Nous estimons toutefois nécessaire d'appréhender l'acteur à partir de ces multiples dimensions.

– … *social-historique*[1]

L'acteur est à la fois campé historiquement et socialement. Cette phrase contradictoire, en ce qu'elle jouxte l'acteur – non déterminé – à ses déterminations sociales-historiques, a pour objectif de rappeler au sociologue de l'entreprise ou de l'organisation qu'il ne peut écarter, au nom d'un refus légitime de toute forme de déterminisme historique ou social, des éléments d'analyse qui constituent tout de même des niveaux explicatifs. Bien sûr, la prise en compte de ces dimensions ne signifie pas qu'il est nécessaire, pour analyser les logiques d'action à l'œuvre dans une organisation, de passer par l'histoire de vie de chacun, dans une tentative désespérée de reconstituer les caractéristiques constitutives de l'habitus (Bourdieu 1972) de tous les acteurs de la situation. Néanmoins, se référer à une approche mobilisant des dimensions du type de celles que la sociologie de P. Bourdieu propose ne doit pas être exclu. Ainsi, dans le cas Mécanex présenté au

1. Cette terminologie possède une consonance tourainienne ; ce n'est pas, toutefois, à cet auteur que nous ferons référence ici.

chapitre 1 de l'ouvrage, l'attitude collective des ouvrières acceptant les mutilations physiques, n'arrêtant jamais de produire, portant un regard négatif sur ce qu'elles sont, sur ce qu'elles savent (« Nous sommes trop bêtes, ne vous fatiguez pas pour nous »), laisse entrevoir une forme d'habitus de classe – ou au minimum une classe d'habitus –, ce « principe non choisi de tant de choix » (Bourdieu 1987, p. 25). L'« impossibilité du non-faire », qui conduit à une intériorisation de l'idée que pour être socialement utile il faut produire, l'« ustensilité du corps », ce dernier étant perçu et mis en scène comme un strict outil de production, la représentation négative de soi [1], sont autant de dimensions qui transcendent largement la situation, même si elles ne gèlent pas les possibilités de faire évoluer celle-ci. La référence à de telles approches, sans ruiner la notion de stratégie chère à M. Crozier, ouvre sur une appréhension différente de ce concept. La stratégie devient « le produit du sens pratique comme sens du jeu, d'un jeu social particulier, historiquement défini [...] ni programme inconscient [...], ni calcul conscient et rationnel » (Bourdieu 1987, p. 79).

L'une des formes les plus classiques, et très concrète, que peut revêtir, dans l'entreprise, la dimension sociale-historique de l'acteur surgit au travers du parcours professionnel individuel et de l'expérience de travail. Parcours et expérience renvoient à l'activité antérieure des individus en tant que somme d'apprentissages qui sont autant d'éléments de structuration des manières d'être, de faire, d'analyser, d'investir les situations de travail. Ces modes de connaissance particuliers, qui résultent des apprentissages, constituent pour l'acteur autant

1. Ces caractéristiques sont décrites par J. Fremontier (1980) comme constituant les principaux traits de la culture ouvrière. A sa façon, cet auteur donnait dans cet ouvrage une forme concrète à la notion d'habitus de classe.

de schèmes souples d'appréhension des objets, des relations, de soi-même, en bref de l'ensemble du dispositif d'une situation.

Ainsi comprises et déclinées, les dimensions historiques et sociales de l'acteur ouvrent non seulement sur une approche de type structuraliste-génétique à la façon dont P. Bourdieu (1987, p. 24) la suggère, mais elle peut aussi conduire à une lecture en termes identitaires en appui sur les travaux de Sainsaulieu. Parcours et expérience sont des éléments de ce que R. Sainsaulieu nomme l'identité professionnelle. Toujours susceptible d'être recomposée dans les situations de travail, l'identité professionnelle ne s'apparente pas à une détermination des comportements, elle en est une des composantes. La notion d'identité sociale-historique sédimentée dans l'acteur permet de glisser vers le comportement stratégique.

– … *stratégique*

Après avoir longuement abordé tout au long du premier chapitre les questions relatives à l'acteur stratégique, il ne peut être question de revenir sur les caractéristiques de ce raisonnement. Plus simplement, nous donnerons quelques illustrations de la façon dont il peut être constitutif des logiques d'action d'un acteur.

De manière générale, l'intérêt bien compris de l'acteur peut le conduire à « jouer tel ou tel coup » en fonction de la représentation (système d'équivalences) qu'il se fait de la situation et des chances qu'il estime être les siennes. Par exemple, la façon dont un acteur envisagera de construire sa carrière illustrera sa rationalité, ses projets, son interprétation des règles avec lesquelles il joue. Tenant compte de ce qu'il estime être les contraintes de la situation, sa stratégie se développera sans jamais être en déconnexion avec l'ensemble des apprentissages antérieurs qui sont les siens. L'acteur est omniprésent même s'il n'est pas omnipotent. Ses choix, même s'ils sont mis en cohérence et orchestrés par un habitus, « structure structurée prédisposée à fonctionner comme structure structurante [...] [ensemble de dispositions] collectivement orchestrées sans être le produit de l'action organisatrice d'un chef d'orchestre » (Bourdieu 1972, p. 175), demeurent aléatoires et de ce fait restent donc stratégiques. Cette stratégie s'origine en de multiples instances, notamment celles du groupe et des pulsions.

– ... *groupal et pulsionnel*

E. Enriquez (1992) mentionne parmi sept instances identifiées comme pouvant expliquer le fonctionnement de l'entreprise le groupal ainsi que le pulsionnel. Reconnaître la dimension groupale dans l'entreprise, c'est accepter l'idée, largement défendue par les psychosociologues, et ce depuis les origines de cette discipline, selon laquelle le groupe dispose d'une vie qui lui est propre avec une relative autonomie de fonctionnement. Le comportement du groupe relève d'une logique spécifique, dont celle de l'acteur rationnel, tant individuel que collectif, ne dit rien ou pas grand-chose. Le groupe, en tant que communauté se forgeant une identité, développant des attitudes plus ou moins marquées de différenciation, étant ou non traversé par des minorités, sombrant ou pas dans la paranoïa collective, est une entité spécifique à réintégrer lorsqu'il est question de retrouver les logiques d'action à l'œuvre dans une situation.

De même les pulsions traversent-elles l'organisation, toutes instances confondues ; l'analyste, faute de pouvoir en proposer la gestion, se doit au moins de les repérer. Pulsion de mort et de destruction, pulsion de vie ; entre Éros et Thanatos, la dualité de toute pulsion doit être retrouvée. La référence à ce concept, qui pour Freud lui-même est un concept limite (Enriquez 1992, p. 136), conduisant à voyager entre psychisme et somatique, permet à la fois d'approcher l'un des partis pris de la sociologie des logiques d'action (articuler les théories – voire les disciplines – qui peuvent être explicatives du fonctionnement des entreprises) et une de ses limites (la difficulté pour le sociologue d'entrer dans des champs qui ne lui sont pas forcément familiers, tel le psychisme).

A ce stade, l'acteur et ses multiples formes n'est toujours pas intelligible : il doit être mis en présence de la situation d'action, deuxième terme de notre équation, laquelle doit à son tour être objectivée.

La situation d'action

L'entreprise, détentrice d'une histoire propre, est aussi plongée dans un contexte historique et institutionnel ; elle est également un espace symbolique, mythique, en même temps qu'un ensemble d'entités plus ou moins stables, plus ou moins convergentes, toujours hétéroclites (objets, sujets, règles). Ce que nous nommons la situation d'action se trouve donc là encore constituée d'instances multiples dont chacune fournit une base de développement des logiques d'action de l'acteur.

– *Le contexte historique et institutionnel*

La sociologie de l'organisation considère son objet comme relevant prioritairement d'une analyse interne. Dans cette perspective, les variables considérées comme déterminantes du fonctionnement de l'ensemble étudié sont d'abord endogènes. L'externe (le marché, l'histoire, les institutions...) n'apparaît que comme élément périphérique. Ainsi, chez les classiques de l'organisation (M. Crozier, R. Sainsaulieu, E. Friedberg, J.-D. Reynaud...) comme chez les auteurs plus récents (parmi lesquels L. Boltanski, L. Thévenot, ou M. Callon et B. Latour), l'histoire et dans une moindre mesure l'environnement ne sont pas des éléments prépondérants de l'analyse.

Le raisonnement des logiques d'action ne propose pas un renversement de cette perspective mais un rééquilibrage. Ainsi, une analyse portant sur l'organisation peut gagner à ces éclairages historiques. Par exemple, les analyses de E. Goffman (1968) sur la structuration de l'hôpital psychiatrique en organisation totale peuvent tirer profit d'une analyse en termes historiques de la folie et de l'institution asilaire (Foucault 1961). En effet, Goffman dénonçant le caractère total(itaire) d'institutions fondamentales des sociétés démocratiques peut trouver alliance avec M. Foucault interrogeant et dénonçant la simultanéité d'apparition et de diffusion des idées dites démocratiques et du principe d'enfermement.

Autre exemple, construit à partir du récit tiré de *Trois Ateliers d'OS* (Bernoux, Motte et Saglio 1973). Dans cet atelier de l'usine Berliet que décrit P. Bernoux, on repère trois groupes d'OS. Les uns sont identifiés comme « paysans » (ils viennent d'un milieu rural et parfois continuent d'avoir des activités agricoles), les autres sont de tradition ouvrière et les derniers, enfin, sont d'origine tunisienne, ceux-ci ayant tous connu le milieu rural. Les deux premiers groupes développent des comportements très typés, le troisième collectif pouvant se ranger aux « façons de faire » des paysans ou des ouvriers. En d'autres termes, les « Tunisiens » s'identifient à l'un des deux autres groupes. P. Bernoux remarque que, si les deux choix sont possibles pour ces OS d'origine étrangère, si certains peuvent même opter tout d'abord pour le groupe paysan et ensuite, selon leurs projets professionnels, familiaux, décider de se référer au groupe ouvrier, le mouvement inverse n'est jamais constaté. En effet, parmi ceux qui ont choisi le groupe ouvrier, jamais aucun ne choisit d'intégrer ou réintégrer le collectif paysan. Ce choix, qui est bien évidemment personnel, stratégique, s'éclaire également au moyen de rapides références historiques, voire institutionnelles. Dans les années soixante-dix, la société industrielle a enseveli la France des paysans (Mendras 1964) et la mobilité sociale s'opère de la ferme à l'usine et non en sens inverse. Il y a là un mouvement qui transcende largement les frontières de cet atelier de chez Berliet. Dit encore autrement, le système d'action concret (SAC), cher à M. Crozier, prend un relief nouveau à être rapproché du système d'action historique (SAH)[1].

Cette suggestion ne signifie en rien que le SAC de telle ou telle entreprise est expliqué ou déterminé par le SAH – ni d'ailleurs que l'agrégat des SAC déterminerait le SAH ; plus simplement, cela permet de renforcer la compréhension d'un même phénomène en changeant l'angle d'analyse. Concrètement, la logique d'action des Tunisiens optant pour le groupe ouvrier ne répond pas au souci qu'auraient ces acteurs de donner raison au sens de l'Histoire – ce qui les fait agir est bel et bien en prise directe avec leurs projets –, mais l'éclairage macro-social laisse entrevoir que les conditions d'émergence d'une trajectoire professionnelle différente est peu probable (cf. le chapitre 1).

– L'instance symbolique et mythique

Les mythes sont fondateurs, est-il besoin de le rappeler. Ils fondent les catégories avec lesquelles les communautés humaines pensent et vivent le monde. L'entreprise est peuplée de mythes,

1. A. Touraine, dans ses ouvrages déjà anciens (1973 et 1974), définissait le système d'action historique d'une société à partir de son niveau d'historicité, des mouvements sociaux en présence, de la forme de l'État et des institutions, de la nature et du niveau des luttes conduites dans le champ social. Par exemple, la société industrielle est un système d'action historique spécifique au même titre que l'est celui de la société programmée ou postindustrielle.

avec ses héros, ses figures de démon, ses boucs émissaires, ses pères et ses fils dont les rapports se lisent et relisent autour de la thématique éternelle du fils du roi Laïos et de Jocaste (Anzieu 1984). Les symboles sont partout, ils signent les lieux, parlent de la situation. La rhétorique des acteurs, dans ce qu'elle mobilise de symbolique (Thudéroz 1994), est elle aussi à appréhender comme élément de l'espace symbolique.

On le voit, les psychanalystes, qu'ils soient ou non spécialistes de l'entreprise, peuvent être ici convoqués. D. Anzieu (à qui Alain Touraine a déjà beaucoup emprunté pour inventer son dispositif méthodologique actionnaliste, cf. *La Voix et le Regard*), E. Enriquez sont des renforts pour l'analyse des logiques d'action. Ils fournissent tout autant des concepts que des outils de méthode. Bien sûr, on peut comprendre le système d'action concret sans leur secours ; il s'enrichit néanmoins sérieusement de leur mobilisation[1].

– *Le dispositif de la situation*

Tout comme le proposent les conventionnalistes et dans une moindre mesure les sociologues de l'innovation, toute situation se trouve, pour partie, contrainte par les objets en présence. Leur identité, leur registre d'existence constituent des structures (ce terme est utilisé à dessein) qui, sans être déterminantes, participent, lorsqu'elles sont investies par les

1. Lors d'une session de formation animée par G. Herreros auprès d'un groupe de consultants en entreprise, l'un des participants, psychanalyste de la Société française de psychanalyse, s'employait à une lecture du cas Mécanex présenté dans cet ouvrage à partir du cadre théorique permettant d'éclairer le sado-masochisme. L'approche en termes culturels suggérée ici par les auteurs ne s'en trouvait en rien contrariée ; l'angle de vue proposé par la psychanalyse donnait au contraire plus d'épaisseur à l'analyse, renforçant cette idée qu'une culture comme un système ne sont pas le strict résultat de l'application des règles mais bel et bien une production d'acteurs…

acteurs, de la formation des logiques d'action. En effet, la forme d'un objet, ses fonctions, ses potentialités, ses rigidités, permettent de comprendre la stratégie développée par les acteurs ainsi que les systèmes de règles qui sont mis en place pour gérer ce monde d'objets inanimés disposant pourtant d'une âme[1]. Ainsi, tel collectif de compagnons possédant un savoir-faire non seulement dépassé mais aussi nié par la machine résistera à son introduction, jusqu'à ce que celle-ci accepte de se laisser domestiquer par le savoir-faire des professionnels qui finiront par lui imposer ce à quoi ils tiennent. Nous ne sommes pas en train de dire que les machines (objets parmi d'autres) sont autonomes et qu'elles déterminent les situations, nous soulignons simplement que de l'agencement des diverses entités d'une situation naissent des contraintes qui expliquent les raisons de l'apparition de telle ou telle logique d'action. Une situation, selon les systèmes d'équivalences qu'elle mobilise, selon les actants qui la composent, fournit un champ dont on ne peut dire qu'il est un espace de tous les possibles (en ce sens, la notion de champ peut être entendue dans sa signification bourdieusienne[2]). L'espace peut se laisser traduire au point de permettre le chaînage de tous les éléments qui ainsi finiront par former un réseau, mais, à l'inverse, ce même espace peut ne pas être traduisible, irréductible aux efforts des acteurs en présence. Le dispositif peut être convergent comme divergent, mais son état, même s'il dépend bien de l'action des acteurs, n'est pas indifférent aux formes que revêtent les entités dudit dispositif.

1. La notion d'âme est ici à utiliser dans le sens que lui donne le philosophe d'entreprise A. Etchegoyen (1990, p. 117-152), à savoir : « l'âme est l'esprit de l'entreprise », elle-même constituée d'objets.

2. Pour Bourdieu, un champ est toujours structuré et sa structuration délimite les possibles.

– L'histoire de l'entreprise (à ne pas confondre avec le contexte historique)

Faite de succès, de déboires, de difficultés, cette histoire est toujours vivante dans la mémoire de ses membres. Elle a engendré des types de comportements, des habitudes, des cultures, des systèmes d'équivalences qui permettent à ceux qui font l'entreprise d'évoluer dans un même monde, une même « cité ». Les accords, les compromis, les controverses, les épreuves qui se développent en son sein sont autant d'expressions des logiques d'action liées au présent mais aussi au passé de l'établissement. L'approche historique de l'entreprise, dans son déroulement certes, mais aussi dans sa dimension synchronique, en tant que cité réalisée, s'impose également à l'analyse.

On le voit maintenant plus clairement, la sociologie des logiques d'action n'est possible qu'au prix d'un décloisonnement plus important encore que celui que nous avions laissé entrevoir jusque-là. L'origine multiple des logiques d'action contraint l'analyste à convoquer non seulement les théories présentées tout au long des chapitres qui ont précédé, mais aussi bien au-delà encore. Au profit d'une compréhension plus large de l'entreprise, les sciences sociales doivent être sollicitées de la façon la plus ouverte qui soit. Bien sûr, un tel projet, en ce qu'il paraît démesuré, peut recueillir du scepticisme. Le sociologue doit éviter l'alternative qui le pousse soit à l'abdication (se résoudre à rester enfermé dans une école, une discipline, un champ), soit à l'exhaustivité (convoquer l'ensemble des connaissances pour comprendre ce qu'il observe). Nous proposons un moyen terme : admettre qu'il n'y a d'analyses que partielles, tout en refusant de se dissimuler derrière ce constat pour justifier le monolithisme théorique et disciplinaire. Concrètement, cela revient à se confronter à l'entreprise muni d'outils théoriques pluriels, dont ceux présentés dans les trois premiers chapitres peuvent largement constituer l'ossature.

Bien sûr, le théoricien peut, au nom d'une certaine épistémologie, réfuter la pertinence d'un tel projet, nous avons répondu à cette forme de critique. Mais à son tour le praticien est lui aussi en droit de nous interpeller : « Concrètement, comment faire ? » La méthodologie d'une sociologie des logiques d'action doit pouvoir donner réponse à cette interrogation.

LA MÉTHODOLOGIE D'UNE SOCIOLOGIE DES LOGIQUES D'ACTION

La sociologie des logiques d'action a pour objet l'entreprise (tout au moins est-ce autour de cet objet que nous avons principalement réfléchi, ce qui n'interdit en rien de penser que le même type de raisonnement pourrait être appliqué à bien d'autres objets) : celle-ci est certes une catégorie générique dont certaines des formes peuvent être récurrentes, mais, en dernier ressort, l'entreprise demeure toujours une entité spécifique qui pose au gestionnaire comme à l'analyste des problèmes à chaque fois singuliers. La réflexion du sociologue, si elle veut être d'une quelconque utilité aux praticiens de l'entreprise (quels qu'ils soient), se doit de revêtir un aspect opérationnel (ce qui ne veut pas dire strictement pratico-pratique). Dit autrement, si la sociologie peut permettre au non-sociologue d'avoir une compréhension sociologique de son espace de travail, alors il faut qu'elle puisse être mobilisée sous forme de grille d'analyse utilisable. Cela impose à cette sociologie non seulement de dire ce qu'elle veut (ce à quoi nous nous sommes employés précédemment), mais aussi d'indiquer comment elle s'y prend. La méthodologie d'une sociologie des logiques d'action se définit comme une sociologie d'intervention avec des exigences liées à sa conception de l'intervention ; elle possède les instruments répondant auxdites exigences.

L'intervention

Depuis les interventions fondatrices des années trente du type de celles conduites par E. Mayo aux États-Unis, l'entreprise est devenue un terrain d'observation et d'action en tout genre. Les gestionnaires, bien sûr, mais aussi les experts de toutes disciplines (ingénieurs, ergonomes...) et les spécialistes de sciences humaines en tout genre (anthropologues, ethnologues, philosophes, historiens) se relaient pour diagnostiquer les entreprises. Comment situer la sociologie des logiques d'action dans le panorama bien complexe des interventions en entreprise ? Pour répondre à cette question, sans doute faudrait-il commencer par dresser une véritable sociologie de la pratique d'intervention ; ce projet ne nous appartient pas ici. Toutefois, pour donner un aperçu de ce que la sociologie des logiques d'action suppose en matière d'intervention, nous allons rapidement proposer un calage par rapport à l'essai de synthèse et de cartographie esquissé par J. Dubost (1992)[1].

1. Le texte récent auquel nous nous référons est une reprise de celui déjà ancien publié par le même auteur dans le courant des années quatre-vingt (Dubost 1984). Sans doute ce texte ne fait-il pas le tour de la question (cf. sur cette question Livian 1990 et la bibliographie que cet article fournit), mais il pose quelques-unes des problématiques fondamentales liées à la thématique de l'intervention scrupuleuse des demandes identifiées par le tiers intervenant, qui s'emploiera, alors, à distinguer celles-ci de la commande exprimée en amont de son intervention. Le client devient dans ce cas un système client ; celui-ci ne peut se laisser résumer au

L'essai typologique de Dubost

Selon cet auteur, on peut schématiquement classer en quatre grandes familles les logiques d'intervention en entreprise :

– La première est le fait d'intervenants formés en sciences sociales sociologie, ethnologie, psychosociologie expérimentale, psychologie différentielle...). Même si l'auteur n'est pas toujours très explicite, il laisse entendre que, de ce côté-là, la sensibilité dominante des intervenants les pousse à privilégier, tout au long de leurs investigations, la dimension recherche, impliquant elle-même un rapport d'extériorité au système observé. Les intervenants sont ici décrits comme se situant dans une logique d'analyse portant sur le système, lequel est objectivé au moyen de techniques à prétention scientifique et à des fins centrées quasi exclusivement sur la production de connaissances.

– La seconde famille est plutôt composée d'intervenants formés en psychologie et psychologie sociale clinique (à la différence d'expérimentale), psychothérapeutes, ou acteurs du secteur sanitaire et social (éducateurs, pédagogues). Pour ceux-là, vers qui va incontestablement la faveur de Dubost, c'est la demande des acteurs qui prime. L'intervenant va veiller à travailler prioritairement avec eux et non simplement sur eux. La finalité de ce type d'intervention renvoie donc à une prise en compte.

– Dans le troisième cas de figure évoqué, les intervenants sont plutôt titulaires de formations grandes écoles tech-

---

commanditaire et à ses seules attentes, tous les acteurs de la situation doivent être réintégrés dans la multiplicité de leurs expressions et enjeux. Ici, la production de connaissances importe moins que le service rendu aux acteurs de la situation étudiée.

niques, spécialisés dans la gestion, le droit, la communication, le recrutement, l'informatique... Pour ces derniers, c'est la commande du décideur-payeur qui prime. Le travail effectué l'est au profit de l'instance hiérarchique qu'on veut satisfaire et fidéliser. L'expertise est mise en avant, la finalité de l'intervenant est d'être évalué positivement par le commanditaire au terme de son intervention. Il œuvre pour celui qui le commandite.

– La quatrième famille, qui se trouve être transversale aux trois familles déjà décrites, est composée de militants, spécialistes de la pratique d'animation communautaire. Ceux-là sont porteurs d'une logique contestataire, et sont avant tout critiques vis-à-vis du système étudié. Pour eux, une intervention repose sur la nécessité de prendre parti pour la minorité active du système afin de contester et d'ébranler l'ordre établi. Ils privilégient l'action contre tous les pouvoirs et toutes les idéologies qui s'y rattachent. Initier un changement radical en mettant en place des construits qui ébranlent l'institution est au fondement de ce type d'intervention.

Même si ce découpage est présenté par l'auteur comme une modélisation indicative, on voit poindre l'idée que le sociologue n'aurait d'autre mission que celle de la production de connaissances sur le système étudié. La référence à la position disciplinaire laisse entendre que la formation et les outils du sociologue le condamneraient à ne pouvoir agir avec les acteurs, qui, par voie de conséquence, ne constitueraient qu'un support à la validation du raisonnement sociologique. Le sociologue d'intervention, à en croire J. Dubost (dont nous avons conscience de radicaliser un peu le propos), ne pourrait être que dans la recherche au détriment de l'action, dans la connaissance au détriment du changement ou de la relation d'aide.

Sans doute le caractère souvent ésotérique de bien des recherches sociologiques illustre-t-il une distance d'avec le terrain et donc une forme d'incapacité ou d'impossibilité – choisie – d'être avec les acteurs pour préférer travailler sur. Ceci étant pointé, il n'en reste pas moins qu'une telle présentation, qui fait du sociologue un handicapé de l'action et de l'implication au profit de l'explication, ne nous paraît pas acceptable.

Une forme d'intervention

La conception que nous essayons de promouvoir sur le plan méthodologique est, en son principe, similaire à ce que nous avons déjà développé sur le plan théorique ; le sociologue ne peut pas se contenter d'être ce producteur de connaissances (quand il en produit) qui vampirise son objet à des fins strictement « scientifiques », le laissant ensuite desséché et exsangue. La posture méthodologique de la sociologie des logiques d'action propose que les quatre niveaux d'intervention identifiés par Dubost (sur, avec, pour, contre) soient investis. Tout comme nous le suggérions pour les rapprochements théoriques, le couplage des formes d'intervention permet au sociologue sollicité – généralement sur le thème du changement – de gagner en efficacité et en (re)connaissance.

Expliquons rapidement ce que pourrait être ce couplage des formes d'intervention.

La réflexion sur l'objet aux fins d'une stricte production de connaissance peut entièrement se justifier, mais, dès lors que le sociologue ambitionne une forme d'utilité sociale dans le champ qui est celui sur lequel il intervient, il lui faut se soucier de la dimension pratique que peut revêtir cette connaissance sur. Ainsi la sociologie de l'entreprise contenue par les travaux des conventionnalistes n'est-elle qu'un jeu intellectuel sans grand intérêt – autre que strictement intellectuel – si on ne tente pas de lui donner une résonance pratique.

La « connaissance sur » doit donc s'articuler au souci d'« être avec ».

Agir avec – les acteurs –, c'est prendre en compte leurs demandes plurielles dans la perspective de créer un processus qui vise autant à satisfaire le commanditaire qu'à diminuer la souffrance perpétrée par les systèmes de travail. D'où qu'elle vienne et quelle qu'elle soit, ce que nous nommons volontairement souffrance correspond à un coût humain qu'il convient de réduire. Bien sûr, poser le problème en termes de souffrance n'est pas sans risques ; en effet, comment le sociologue peut-il ne pas perdre pied dès qu'il traduit la demande exprimée en souffrance psychique, lui qui répugne, souvent au nom de la rigueur scientifique, à reconnaître une notion si floue, si peu théorique et si bassement humaine (humaniste ?) que celle de souffrance ? Être avec suppose que ce « risque » soit accepté.

Intervenir pour, c'est s'attacher à respecter la demande du commanditaire pour continuer d'être commandité et ne pas ainsi se discréditer socialement en perdant toute utilité pratique. Certains pourront y voir une vassalisation du chercheur à la demande sociale, nous parlerons plutôt de la nécessaire prise en compte de ce qui préoccupe celui (institutions ou particuliers) qui réclame l'intervention. Mais respecter la demande ne veut pas dire s'y soumettre.

L'intervention contre, qui se laisse entrevoir comme radicalement différente de la précédente, semble, en outre, irréaliste ; comment en effet être contre celui qui commandite ? La sociologie que nous préconisons suggère de penser le contre sous la forme d'une posture critique systématique, non pour dire ce qui devrait être mais pour conduire les acteurs concernés à réinterroger de façon critique leurs positions, leurs représentations. A l'instar du fou du roi qui poussait à l'objectivation des pratiques en suscitant une réflexion à partir d'une interpellation directe fondée sur la dérision, le sociologue doit susciter systématiquement la réflexion en bousculant toutes les évidences. Être contre, c'est dans une telle perspective s'employer à être critique. Cette position n'est jamais simple à tenir, elle est toujours saine.

Une telle posture méthodologique suppose une façon de pratiquer l'intervention très spécifique ; celle-ci mériterait sans doute d'être décrite en appui sur des études de cas. Tel n'est pas notre objectif ici – un travail spécifique devra être ultérieurement conçu dans cette perspective –, l'essentiel consistant à donner quelques indications sur l'esprit qui anime la mise en œuvre pratique d'une intervention conduite dans le cadre d'une sociologie des logiques d'action. Rompre avec la position confortable de celui qui observe depuis Sirius et participer tout à la fois d'un mouvement de production de connaissances, en acceptant l'implication dans l'action aux côtés des acteurs dans une perspective critique, telle est l'option méthodologique suggérée. Ainsi, la sociologie d'intervention devient une forme de consultation clinique où les statuts de chercheur, d'expert et de consultant sont fondus dans un même mouvement.

Les matériaux d'analyse étant collectés selon cette perspective, il convient de les traiter. La grille d'analyse est alors le moyen de ventiler les informations recueillies ; elle est porteuse des modèles théoriques évoqués dans la première partie de cet ouvrage.

La grille d'analyse

La sociologie des logiques d'action est à la fois une posture théorique et un parti pris d'intervention ; la grille que nous allons présenter est la traduction de ces deux positionnements.

L'exposé qui suit veut répondre au souci d'opérationnaliser

ce qui précède. Le recours à une grille est en lui-même révélateur de nos intentions : schématiser au maximum le raisonnement pour permettre au non-spécialiste de tirer parti des dispositifs théoriques proposés par les sociologues. Bien sûr, un tel exercice ne va pas sans réduction, sans simplification ; de même, le produit obtenu ne peut prétendre exister à l'exclusion de tout autre mode de lecture ou d'appréhension ; ceci étant, ses vertus nous semblent suffisamment nombreuses pour que les imperfections mentionnées soient largement supportables.

Tout au long des trois phases ou étapes (elles-mêmes séquencées en moments particuliers de l'analyse) du raisonnement que propose notre grille, seuls seront évoqués les niveaux relatifs aux théories présentées dans les trois premiers chapitres de cet ouvrage (stratégie et culture, convention, traduction et réseau). Cela ne signifie évidemment pas que cette grille ne puisse être enrichie de références à d'autres modèles théoriques (par exemple à ceux évoqués rapidement dans la première partie de ce chapitre 4), nous en donnerons quelques illustrations même si nous ne nous y arrêtons pas. En dernier lieu, précisons que le découpage entre phases et moments doit être entendu comme indicatif et non impératif.

Phase 1 : la contextualisation[1]

Lors de cette phase, l'objectif consiste à reconstituer le système d'action concret au sens croziérien classique, mais sa reconstruction doit avoir lieu en appui sur les raisonnements empruntés à des sociologies ne relevant pas exclusive-

1. Rappelons que ce terme est emprunté au raisonnement proposé par les sociologues de l'innovation.

ment du courant stratégique. Ainsi raisonnons-nous en termes d'actants, l'exogène est réintroduit, les enjeux sont analysés à partir de leur mode d'inscription dans des systèmes d'équivalence…

Premier moment

• La délimitation du contexte de l'analyse s'opère à partir du recensement des actants parties prenantes. En d'autres termes, les frontières formelles de l'entreprise ne dessinent pas nécessairement l'objet à circonscrire ; celui-ci peut être plus ou moins large que ce que sa réalité formalisée laisse entrevoir. Ainsi l'entreprise enchâssée dans un réseau doit-elle être appréhendée *intra* et *extra-muros*.

Deuxième moment

• La tâche des acteurs, leurs missions doivent être retrouvées [1].

• La perception que les acteurs ont des tâches en question doit être identifiée [2].

Troisième moment

• Leurs enjeux doivent être également repérés, mais, afin d'anticiper sur d'éventuelles possibilités de compromis, les modes d'inscription qui sont les leurs, les systèmes d'équiva-

1. Nous reprenons ici l'un des aspects classiques du raisonnement stratégique. Cette rubrique figurait d'ailleurs dans la grille d'analyse de l'ouvrage de P. Bernoux (1985).

2. Cette rubrique est importante. Elle est mentionnée dans la grille d'analyse que propose F. Gonnet (1992), chercheur associé au CSO.

lences qu'ils révèlent, les mondes au sein desquels ils s'enracinent, méritent d'être reconnus.

• Les ressources organisationnelles, les handicaps et atouts de chacun, les zones d'incertitude à préserver, à conquérir, sont à rechercher (cf. n. 2, p. 224).

Quatrième moment

• Le système de relations d'une part, les identités collectives[1] d'autre part exigent également un éclairage. Les conflits et les alliances structurant le jeu au sein de l'entreprise sont ici pointés.

• Enfin, l'équilibre et la fonction des règles de contraintes comme celles autonomes, les modes principaux de régulation doivent permettre, après leur identification, de boucler la reconstitution du système d'action concret. On le voit, le concept crozièrien est ici utilisé dans une acception où il se trouve lesté de dimensions qui ne lui sont originellement pas familières.

Ces analyses conduites, on peut alors passer à la seconde étape[2].

1. Évidemment, les catégories identitaires élaborées par R. Sainsaulieu (cf. chap. 1) peuvent servir de base, mais elles ne peuvent constituer des formes obligées de caractérisation sous peine d'enfermer l'analyste.

2. Pour illustration de ce que pourraient être des apports supplémentaires à cette grille, on peut suggérer : la prise en compte des singularités historiques et institutionnelles de la situation (A. Touraine). Par exemple, dans le contexte hospitalier, l'analyse d'un service peut se trouver enrichie d'une référence à la signification sociale-historique du mouvement des infirmières de 1988. De même, les particularités du champ (P. Bourdieu) dans lequel s'inscrit l'objet organisationnel peuvent être utiles à connaître. Ainsi l'analyse du fonctionnement d'une université gagnerait à ne pas perdre de vue quelques-unes des propriétés de l'espace de vie de l'*homo academicus*.

Phase 2 : les possibilités d'accord

Cette seconde phase de l'analyse consiste en un double repérage :

– celui des actants occupant une place importante dans l'ensemble étudié et étant susceptibles de pouvoir y jouer un rôle clé ;

– celui des espaces, objets, capables de pouvoir constituer le support de conventions ou accords nouveaux.

En d'autres termes, la grille d'analyse invite ici à retrouver les conditions de production d'une coopération nouvelle. Cela ne signifie évidemment pas qu'il soit alors question de prétendre trouver, dans le secret du laboratoire de l'analyste, les ingrédients permettant de faire disparaître les éventuels conflits repérés ; plus simplement, ce qu'il convient de rechercher, ce sont les points d'accroche – seraient-ils provisoires – d'une convergence entre actants.

Premier moment

• L'analyse du système de relations tout autant que l'examen des justifications et des systèmes de grandeur mobilisés par les uns et les autres doivent permettre de mesurer les états de grandeur des sujets et des objets. La hiérarchisation entre ce qui est grand et petit devient possible : les acteurs clés, leur légitimité et son fondement, leur capacité à être traduits ou au contraire à jouer le rôle de traducteur sont identifiés.

Deuxième moment

• Ce que l'on appelle les lieux de résistance au changement ou la capacité à être acteur du changement doivent, à ce stade, se préciser. L'analyste identifie ici à la fois ce qui fait problème pour le plus grand nombre, les accords implicites, dissimulés, qui permettent à l'ensemble du dispositif de tenir, et les objets/sujets pouvant constituer le support de compromis élaborés pour diminuer les coûts engendrés par ce que chacun s'accorde à reconnaître comme problème.

Troisième moment

• Quelles sont les traductions à opérer ? C'est cette question que l'analyste doit avoir présente à l'esprit. Dit autrement, quels sont les glissements à opérer pour modifier le système d'action concret en lui donnant un degré de convergence plus important – c'est-à-dire en renforçant sa stabilité à moindre coût humain ? Nous sommes ici à la limite de l'analyse et de l'action ; ce dernier terme est inclus dans la troisième phase de la grille d'analyse.

Phase 3 : la conduite du changement

La sociologie des logiques d'action telle que nous la concevons va de pair avec l'intervention en entreprise. En d'autres termes, l'analyse et l'action sont nécessairement étroitement liés, entremêlées, et cette remarque est tout aussi valable pour le gestionnaire de l'entreprise que pour le sociologue intervenant.

C'est pour cette raison que la phase trois de la grille traite simultanément d'analyse et d'action.

L'objectif, à ce stade, vise à favoriser l'introduction du changement en considérant que la réussite de celui-ci dépend de la structuration de l'entreprise en réseau (notion entendue évidemment au sens des sociologues de l'innovation).

Premier moment

• Les analyses effectuées dans les phases 1 et 2 doivent à ce stade être communiquées aux personnels. La restitution[1] est donc tout autant un moment d'analyse que d'action. La première se valide, s'enrichit, la seconde s'esquisse. Au cours de cette restitution, le changement ne se dessine pas, mais le champ provisoire des possibles se précise.

Deuxième moment

• Le tiers intervenant ou le gestionnaire doit maintenant se préoccuper d'engager un processus de changement. Aussi, dès l'instant de la restitution, il est en quête d'une problématisation (cf. le chapitre 3), de porte-parole, d'institutionnalisation du processus de changement. Il a repéré ce qui engendre de la convergence et tente de lier les entités les unes aux autres. La réussite du changement est subordonnée à l'élaboration d'un réseau intraorganisationnel (ce qui n'exclut évidemment pas sa solidification par l'intégration d'entités externes à l'organisation).

1. Il n'est pas question de développer les conditions pratiques de déroulement de la restitution, mais nous reprenons à notre compte ce qu'en disent E. Friedberg (1993) et M. Crozier (1994).

Troisième moment

• L'action étant engagée, la réflexion se poursuit tout autant. La vigilance à l'égard de ce qui est mis en œuvre, le retour sur soi et sa pratique, l'état des alliances, la durabilité des compromis sont autant de dimensions que l'analyste ou le praticien doit continuer d'investir. Dans la logique largement développée par les sociologues de l'innovation, cette phase doit être conduite dans la transparence, condition *sine qua non* de l'irréversibilité du processus engagé.

La sociologie de l'entreprise telle qu'elle est appréhendée dans la perspective des logiques d'action est tout autant un parti pris épistémologique et théorique qu'une option méthodologique. Sans doute cette dernière dimension mériterait-elle d'autres développements ; en l'état, avec la grille d'analyse que nous suggérons, la compréhension des situations et l'intervention sur celles-ci nous paraissent envisageables. Le cas Bolet en fournit l'illustration.

*

Bibliographie

Anzieu, D. (1984 ; 1re éd., 1972), *Le Groupe et l'Inconscient. L'imaginaire groupal*, Paris, Dunod.

Aristote (1933-1962), *L'Organon*, trad. fr. de J. Tricot, Paris, Vrin.

Bachelard, G. (1938 ; 12e éd., 1983), *La Formation de l'esprit scientifique*, Paris, Librairie philosophique Jacques Vrin.

Bernoux, P. (1985 ; 4e éd., 1993), *La Sociologie des organisations*, Éd. du Seuil.
– et Herreros, G. (1992), « Méthodologie pour l'intervention : la sociologie des logiques d'action », texte ronéotypé, GLYSI.
–, Motte, D., et Saglio, J. (1973), *Trois Ateliers d'OS*, Paris, Éd. Ouvrières, « Économie et humanisme ».

Berry, M. (1984), *Logique de la connaissance et Logique de l'action*, document ronéotypé, Centre de recherche en gestion de l'École polytechnique.

Boltanski, L. (1990), *L'Amour et la Justice comme compétence*, Paris, Métailié.
– et Thévenot, L. (1987), *Les Économies de la grandeur*, numéro des *Cahiers du Centre d'études de l'emploi*, Paris, PUF.
– et Thévenot, L. (1991), *De la justification*, Paris, Métailié.
–, Thévenot, L., *et al.* (1989), *Justesse et Justice dans le travail*, numéro des *Cahiers du Centre d'études de l'emploi*, Paris, PUF.

Bourdieu, P. (1972), *Esquisse d'une théorie de la pratique*, Genève-Paris, Librairie Droz.
– (1987), *Choses dites*, Paris, Éd. de Minuit.
–, Chamboredon, J.-C., et Passeron, J.-C. (1968), *Le Métier de sociologue*, Paris, Mouton/Bordas.

Callon, M. (1986), « Éléments pour une sociologie de la traduction », *Année sociologique*, vol. XXXVI, p. 169-208.
– (éd.) (1988), *La Science et ses réseaux. Genèse et circulation des faits scientifiques*, Paris, La Découverte.
– (1991), « Réseaux technico-économiques et irréversibilités », *in* R. Boyer (éd.), *Figures de l'irréversibilité en économie*, Paris, EHESS.
– et Latour, B. (éd.) (1991), *La Science telle qu'elle se fait*, Paris, La Découverte.
– et Law, J. (1988), « La protohistoire d'un laboratoire », *in* M. Callon (éd.), *La Science et ses réseaux. Genèse et circulation des faits scientifiques*, Paris, La Découverte, p. 66-117.

Crozier, M. (1963), *Le Phénomène bureaucratique*, Paris, Éd. du Seuil.

– (1989), *L'Entreprise à l'écoute. Apprendre le management industriel*, Paris, InterÉditions.
– (1990), « Concept de système comme outil heuristique et comme paradigme du système social », *in* J.-D. Reynaud, F. Eyraud, C. Paradeise et J. Saglio (éd.), *Les Systèmes de relations professionnelles*, Paris, Éd. du CNRS.
– (1994), « Le problème de l'action collective, l'éducation du regard », *in* F. Pave (éd.), *L'Analyse stratégique. Colloque de Cerisy*, Paris, Éd. du Seuil.
– et Friedberg, E. (1977), *L'Acteur et le Système*, Paris, Éd. du Seuil.

Darré, J.-P. (1985), « La fonction de production de la vache », *Conventions économiques. Cahiers du Centre d'études de l'emploi*, n° 29, p. 115-128.

Dogan, M., et Pahre, R. (1991), *L'Innovation dans les sciences sociales, la marginalité créatrice*, Paris, PUF.

Dubost, J. (1984), « Une analyse comparative des pratiques dites de recherche-action », *Connexions*, n° 43.
– (1992), « Typologie des pratiques d'intervention », *Revue de l'éducation permanente*, septembre.

Enriquez, E. (1983), *De la horde à l'État. Essai de psychanalyse du lien social*, Paris, Gallimard, coll. « NRF ».
– (1992), *L'Entreprise en analyse*, Paris, PUF.

Etchegoyen, A. (1990), *Les entreprises ont-elles une âme ?*, Paris, François Bourin.

Eymard-Duvernay, F. (1990), « Recensement, les règles du jeu », *Revue française de sociologie*, vol. XXXI, n° 4/90, octobre-décembre.

Favereau, O. (1994), « Symposium sur le pouvoir et la règle : si loin, si proche », *Sociologie du travail*, vol. XXXVI, n° 1/94, p. 95-102.

Feyerabend, P. (1979), *Contre la méthode, l'anarchisme méthodologique*, Paris, Éd. du Seuil.
– (1987), *Adieu la raison*, Paris, Éd. du Seuil.

Foucault, M. (1961), *Histoire de la folie*, Paris, UGE, coll. « 10/18 ».

Fremontier, J. (1980), *La Vie en bleu. Voyage en culture ouvrière*, Paris, Fayard.

Friedberg, E. (1993), *Le Pouvoir et la Règle*, Paris, Éd. du Seuil.

Gauléjac, V. de (1987), « L'organisation managériale », *in* Collectif Sciences humaines, *Organisation et Management en question*, Paris, L'Harmattan.

Goffman, E. (1968), *Asiles*, Paris, Éd. de Minuit.

Gonnet, F. (1992), *L'Hôpital en question*, Paris, Lamarre.

Habermas, J. (1987a), *Théorie de l'agir communicationnel*, 2 vol., Paris, Fayard.
– (1987b), *Logique des sciences sociales et autres essais*, Paris, PUF.

Hess, R. (1981), *La Sociologie d'intervention*, Paris, PUF.

Iribarne, P. d' (1989), *La Logique de l'honneur*, Paris, Éd. du Seuil.

Kuhn, T. (1983), *Les Révolutions scientifiques*, Paris, Flammarion.

Latour, B. (1989), *La Science en action*, Paris, La Découverte.

Linton, R. (1965), « Concept de rôle et de statut social » *in* A. Levy, *Psychologie sociale*, Paris, Dunod.
– (1967), *Le Fondement culturel de la personnalité*, Paris, Dunod.

Livian, Y. F. (1990), « Grandeurs et servitudes de la recherche "clinique" en gestion », *Cahiers lyonnais de recherche en gestion*, n° 11, avril.

Maurice, M., Eyraud, F., Iribarne, A. d', et Rychener, F. (1986), *Des entreprises en mutation dans la crise*, Aix-en-Provence, LEST.

Mendras (1984), *La Fin des paysans, suivi d'une réflexion sur la fin des paysans vingt ans après*, Le Paradou, Actes Sud.

Merton, R. K. (1953 ; 2e éd., 1965), *Éléments de théorie et de méthode sociologiques*, Paris, Plon.

Paradeise, C. (1990), « Les théories de l'acteur », *Les Cahiers français. Découverte de la sociologie*, n° 247, juillet-septembre.

Pareto, V. (1968 ; 1re éd., 1917), *Traité de sociologie générale*, Genève, Droz.

Popper, K. (1972), *Logique de la découverte scientifique*, Paris, Payot.
– (1985), *Conjecture et Réfutation*, Paris, Payot.

Reynaud, J.-D. (1988), « Régulation de contrôle et régulation autonome dans les organisations », *Revue française de sociologie*, n° 1/88.
– (1989), *Les Règles du jeu. L'action collective et la régulation sociale*, Paris, Armand Colin.

Ruyer, B. (1990), *Logique*, Paris, PUF.

Sainsaulieu, R. (1977), *L'Identité au travail, les effets culturels de l'organisation*, Presses de la Fondation nationale des sciences politiques.
– (1987), *Sociologie de l'organisation et de l'entreprise*, Presses de la Fondation nationale des sciences politiques, Dalloz.
– (éd.) (1990), *L'Entreprise, une affaire de société*, Presses de la Fondation nationale des sciences politiques.

Segrestin, D. (1987), « L'entrée de l'entreprise en société », *Revue française de science politique*, vol. XXXVII, n° 4.

Thudéroz, C. (1994), « Le bagne et le requin : syndicalisme ouvrier et espaces productifs », *Sociologie du travail*, vol. XXXVI, n° 1/94.

Touraine, A. (1973), *La Production de la société*, Paris, Éd. du Seuil.
– (1974), *Pour la sociologie*, Paris, Éd. du Seuil.
– (1978), *La Voix et le Regard*, Paris, Éd. du Seuil.

Verin, H. (1982), *Entrepreneurs-Entreprises, histoire d'une idée*, Paris, PUF.

Weber, M. (1965), *Essai sur la théorie de la science*, Paris, Plon.

LE CAS BOLET [1]

Une PMI familiale en modernisation

M. Bolet, P-DG de la Société Charicoup, s'inquiète des tensions qui apparaissent entre les agents de maîtrise et les cadres, traduisant sans doute une mutation de la société.

La Société Charicoup est une entreprise familiale. M. Bolet en est le fondateur ; il la dirige avec deux de ses enfants. Jean s'occupe du développement commercial, André dirige la fabrication. Ce dernier est ingénieur ; il est entré dans l'entreprise il y a cinq ans et c'est lui qui a défini et mis en place la structure actuelle (cf. organigramme).

L'entreprise fabrique du matériel pour scieries : des chemins de roulement qui amènent les billes de bois sous les scies et les présentent selon un programme de découpage. Un matériel résistant, relativement précis et automatisé ; un matériel soumis à des traitements durs, utilisé par des ouvriers de scierie n'ayant pas tellement le réflexe mécanicien.

Elle a connu une expansion rapide. Fondée il y a une quinzaine d'années, elle est passée de 20 à 209 personnes environ.

L'atelier mécanique fabrique les pièces mécaniques, la petite tôlerie. Deux ateliers de montage montent les machines qui, après essai, seront démontées en sous-ensembles pour expédition chez les clients. Chez ceux-ci, le montage sera fait par le service Montage extérieur. Ce dernier effectue également les réparations et l'entretien. L'entreprise cherche à passer avec ses clients des contrats d'entretien pour pallier les effets des utilisations assez « sauvages » du matériel.

La cellule Étude répond aux demandes des clients transmises par le service commercial. Tous les produits sont conçus selon un

1. Ce cas est repris de l'ouvrage de P. Bernoux, *La Sociologie des organisations*, publié aux Éditions du Seuil dans la collection « Points Essais ». Son utilisation permet d'illustrer en quoi la mobilisation simultanée de modèles théoriques différents permet d'enrichir la lecture des situations.

même principe ; mais ils doivent être adaptés aux problèmes particuliers des clients. Cette cellule a été mise en place par André Bolet. Elle est composée de jeunes ingénieurs et techniciens.

Les agents de maîtrise sont presque tous sortis du rang : les « premiers compagnons », le « noyau de départ »... Échappent à cette norme : le contremaître électricien, le contremaître de montage extérieur et un chef d'équipe de mécanique. Le chef d'atelier est, lui aussi, sorti du rang : il a été promu cadre à l'arrivée des ingénieurs de la cellule Étude.

Le directeur administratif est en place depuis deux ans. Il a remplacé le premier comptable de la société. Il a mis en place un système de comptabilité industrielle, depuis un an.

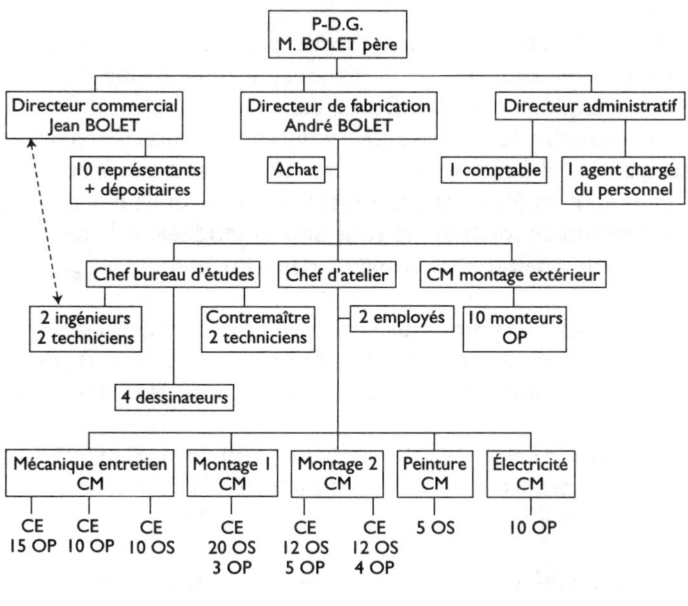

CM = contremaître
CE = chef d'équipe
OP = ouvrier professionnel
OS = ouvrier spécialisé

→

Le personnel ouvrier comporte trois couches d'ancienneté : plus de dix ans, de quatre à cinq ans, de deux à trois ans. L'entreprise ne connaît pas de difficultés de recrutement. Elle est installée à quelques kilomètres d'une ville de 20 000 habitants qui a un collège d'enseignement technique et un centre de formation professionnelle accélérée.

Des entretiens faits au cours d'une enquête préalable ont donné cette image de l'entreprise :

– A entendre les ingénieurs et les techniciens, les agents de maîtrise sont dépassés : les délais ne sont plus tenus. « Il est impossible de dépasser un seuil de performance. » « Il faudrait mettre en place une cellule Méthodes et forcer le chef d'atelier à planifier le contrôle sur les délais. » « La maîtrise, ici, c'est sacré ! »

– Le chef d'atelier se dit débordé par les problèmes de stockage, d'expéditions, par les demandes de réparations. Il parle pas mal des « exploits » des fils Bolet, dans un sens péjoratif.

– A entendre la maîtrise, les « bureaux », interviennent pour désorganiser ; il faut souvent arrêter un travail pour faire un essai ou en passer un plus urgent. Toutes les remarques qui sont faites par les agents de maîtrise ne sont plus entendues. « Il faudrait que le père Bolet passe plus souvent dans les ateliers » est un leitmotiv.

– De plus, l'expansion pose un problème de main-d'œuvre. Les vieux compagnons se plaignent : « On touche des jeunes qui n'ont jamais mis les pieds dans un atelier : faut tout leur apprendre. »

Le directeur commercial est revenu d'un voyage en Suède où il a pris connaissance d'un nouveau matériel de fabrication. Il pose la question de l'introduction de cette nouvelle machine dans l'entreprise :

– ce matériel, peu connu pour le moment, peut être pris par les concurrents ;

– il s'agit d'une machine chère, qui suppose donc un investissement important ;

– elle est beaucoup plus performante que le matériel utilisé actuellement dans l'entreprise (meilleure qualité et quantité nettement supérieure) ;

– son introduction obligera à changer la production (davantage de préparation et de planification, travail posté, etc.).

QUESTIONS

Supposons que le directeur commercial, Jean Bolet, soit convaincu de la nécessité d'acquérir cette nouvelle machine, de l'introduire dans l'entreprise et de le faire dans des délais assez rapides. A votre avis, comment va-t-il procéder ? Décrivez concrètement les démarches qu'il va entreprendre. On l'imagine à sa descente d'avion, retour de Suède. Que va-t-il faire ? Qui va-t-il chercher à rencontrer d'abord ? Et par la suite ?

GUIDE D'EXPLORATION

1. La contextualisation

Les actants principaux sont identifiés avec leurs enjeux et la nature de ceux-ci.

Extra-muros, la situation de l'entreprise face à ses concurrents, sur son marché, doit être évaluée.

Intra-muros, l'inventaire des actants-acteurs doit être dressé.

Jean, pour des raisons liées au respect des délais et dont la nature est avant tout commerciale, souhaite l'introduction d'une machine qui lui permettrait de peser sur l'atelier, duquel il est absent. André peut devenir partisan de cette solution dès lors que la machine devient pour lui le moyen de rationaliser une fabrication qu'il a bien du mal à maîtriser ; son enjeu est de type industriel et la machine s'inscrit dans ce monde. Le père peut à son tour devenir partisan du nouvel outil s'il permet la perfor- →

mance économique, mais il faudra que la machine ne vienne pas nuire aux compagnons, professionnels de l'entreprise dont le savoir-faire a permis l'essor et dont le premier a été nommé cadre, à savoir le chef d'atelier. La dimension commerciale et industrielle des enjeux du père pourrait bien s'effacer au profit du monde domestique (préserver un groupe et ses pratiques). Ce dernier est la figure symbolique de la résistance potentielle à la machine en ce que celle-ci pourrait bien rendre obsolète le savoir-faire des opérateurs et renforcer la mainmise de la cellule Étude et des ingénieurs. Entre mondes domestique et civique (le respect du droit des compagnons), le chef d'atelier ainsi que les personnels dont il assure la direction sont peu préparés à accepter la machine. Enfin, la machine elle-même dans sa dimension industrielle se présente comme un allié naturel d'André, futur despote matériel de l'atelier.

2. Les possibilités d'accord

Un intervenant extérieur, ou le père (seul à avoir une légitimité lui permettant de traduire les positions de chacun), devra s'employer à créer de la convergence en rendant compatible les intérêts en présence. La phrase suivante illustre la traduction qu'il convient d'opérer : la machine permettra de résoudre le retard de livraison des clients, de rationaliser la production, d'enrichir le savoir-faire des compagnons tout en résolvant les problèmes de gestion des flux qui empoisonnent le travail du chef d'atelier (l'expédition, le stockage, les changements de gamme) ; ce faisant, la machine deviendra le liant entre des entités qui s'ignorent ou s'excluent. C'est sur cette base que les possibilités de compromis peuvent être explorées. Cela suppose que les problèmes de chacun (commerciaux, techniques, pratiques...) aient été convertis en un problème commun ; par exemple : l'expansion, le développement bloquent le travail de l'atelier comme celui des bureaux ou des commerciaux...

3. La conduite du changement

Le père subordonne l'introduction de la machine à l'assentiment technique du chef d'atelier. Dans l'hypothèse d'un refus de celui-ci, une autre machine ou une autre solution peuvent être recherchées. L'essentiel consiste à tomber d'accord sur l'existence d'un problème et sur la nécessité de le résoudre. Dans chaque groupe, tous porteurs d'une logique propre, des porte-parole sont mobilisés pour trouver les conditions de résolution du problème. Les solutions sont multiples, toutes supposent que les différentes entités aient été durablement liées. De puzzle (l'atelier, la cellule Étude...), l'entreprise devient réseau.

Conclusion

L'élargissement et l'opérationnalisation de la sociologie de l'action organisée, auxquels nous avons tenté de procéder, offre, nous semble-t-il, de nombreuses perspectives à tous ceux qui se préoccupent d'améliorer la compréhension, la gestion et le fonctionnement humain des organisations. Elles se situent dans deux domaines : tout d'abord, la sociologie ainsi élargie contribue à développer la capacité de diagnostic des situations organisationnelles. Ensuite, elle permet d'améliorer la conduite des changements.

Une capacité de diagnostic

Il n'y a pas de diagnostic organisationnel possible sans une certaine représentation de ce qu'est l'organisation et sans des concepts pour donner sens à ce que l'on y observe. A cet égard, les contributions développées plus haut fournissent un large appareillage : à partir du système d'action concret, l'étude des acteurs et des actants, de leurs ressources, des règles qu'ils produisent, des principes qui les unissent ou les séparent, permet (les cas proposés dans l'ouvrage en ont témoigné, nous l'espérons) de doter celui qui cherche à établir un diagnostic d'un ensemble large de clés d'analyse. Le monde de la gestion d'entreprise s'est trop longtemps limité à des modèles de diagnostic simples, fondés sur des représentations mécanistes de l'organisation (l'organisation comme machine, au mieux l'organisation comme système), pour ne pas avoir besoin aujourd'hui d'un tel enrichissement.

Au-delà des divergences entre approches, cette sociologie offre une vision plurielle et ouverte du fonctionnement organisationnel. Il n'y a pas de visée unique dans l'organisation, il n'y a pas de « performance » tout court, chaque acteur porte sa logique et tente de forger ses propres critères. Les tensions, les contradictions sont aussi une dimension essentielle des organisations. Ce ne sont pas des anomalies. De même, la conception de l'organisation comme lieu de gouvernement, où par conséquent l'exercice du pouvoir et la revendication d'identité jouent un rôle central, est encore trop faiblement présente dans les raisonnements gestionnaires quotidiens, sinon sous l'angle de la « politique » organisationnelle.

Cette sociologie fournit également des résultats relatifs aux comportements humains et au fonctionnement organisationnel qui sont d'indispensables antidotes à ceux – souvent clandestins – véhiculés par certaines méthodes de gestion. Par exemple, la technique et ses agencements ne sont nullement des données aussi contraignantes que certains acteurs tendent à le faire croire. Ou bien : l'engagement du salarié dans son travail n'est pas seulement le produit des récompenses qu'il est susceptible d'en obtenir. Ou enfin : l'abondance et la transparence du système d'information ne constituent nullement la garantie que les acteurs vont jouer le jeu attendu de la direction.

Le renvoi systématique auquel conduit cette sociologie à une explication qui fait une place décisive à ce que construisent eux-mêmes les acteurs (et actants) est un exercice salutaire. L'est également l'obligation de commencer l'explication à partir de la situation dans laquelle se forme l'action, ce qui renvoie à l'étude contingente de ses conditions concrètes, et rend méfiant vis-à-vis des généralisations hâtives ou des schémas tout faits. Il y a aussi un deuxième apport relatif au diagnostic : la sociologie présentée propose un mode d'analyse des situations de travail. Priorité à la connaissance du terrain, croisement des discours produits comme justification de l'action, recherche d'articulation permanente de l'officiel et du non-officiel, compréhension rapprochée des pratiques sociales, regard critique sur les soi-disant « déterminations » d'ordre général : au-delà des nuances et différences, ces éléments constituent la base d'une posture de diagnostic commune.

On voit bien, dès lors, ce qui la sépare de méthodes certes fort répandues (analyses de dysfonctionnements et audits) mais qui restent souvent prisonnières d'une vision normative. Le but de ces méthodes est en fait de faire ressembler le fonctionnement organisationnel soit aux règles officielles émises par la direction, soit à un idéal abstrait porté par celui qui effectue le diagnostic.

Ce n'est pas le modèle de l'approche sociologique. A ses yeux, l'action ne peut découler que d'une réflexion des acteurs eux-mêmes sur le système social ainsi analysé, sur ses forces et ses faiblesses, sur son adaptation à leur projet et aux conditions d'environnement qu'ils ont à gérer.

Ce type de diagnostic comporte, bien entendu, ses limites. Il y manque parfois la dimension historique des situations. Les réalités psychique et symbolique, qui ouvrent de très riches perspectives, ne sont malheureusement pas souvent articulées sur la dimension sociologique. La connaissance des organisations et celle des principes de l'action de ceux qui y agissent n'en sont encore qu'à leurs débuts.

Une conception du changement

Bien qu'il n'y ait pas de théorie monolithique du changement à travers les approches que nous avons présentées, l'acteur organisationnel peut y trouver des guides pour l'action. Débarrassé d'une conception où les salariés sont vus comme « résistant » aux changements – forcément salutaires – proposés par la hiérarchie, ou au contraire comme seuls porteurs d'une vérité historique et sociale, cet acteur peut consacrer davantage de temps au repérage des acteurs favorables, à la préparation des conditions qu'il est nécessaire de bâtir, des réseaux qu'il faut construire et étendre. La sociologie présentée dans l'ouvrage ne préconise pas un style de changement plutôt qu'un autre. Bien que certains y voient une panacée, les démarches participatives ne sont pas les seules pertinentes. Encore faut-il avoir pris en compte les logiques en présence, encore faut-il également que les acteurs porteurs de ces changements le fassent au nom d'une légitimité au moins partiellement reconnue. Toutes les approches insistent également sur le temps nécessaire à l'appropriation de ces changements, à supposer que l'on cherche vraiment à mettre en œuvre des changements durables.

On a trop souvent reproché à la sociologie d'être une science « contemplative », peu à même d'aider concrètement les acteurs en situation. L'expérience qui est à l'origine de ce livre prouve le contraire. Les postulats dont nous parlions plus haut sont non seulement pertinents, mais encore encourageants pour ceux qui ont à affronter des situations de gestion et à conduire des changements. On peut véritablement changer des comportements si l'on change les situations qui les ont produits, si l'on fixe avec les acteurs qui les vivent de nouvelles règles du jeu. On peut effectivement transmettre à un réseau d'acteurs une représentation d'un projet qui les unisse et leur permette de lutter contre des projets concurrents. On peut aussi donner aux acteurs de nouvelles ressources afin de les adapter à ces nouvelles situations.

Pour autant, la sociologie de l'action organisée ne peut prétendre à occuper une place démesurée dans l'ensemble des sciences de l'action. Par rapport à la gestion d'entreprise, notamment, les complémentarités sont riches si chacun admet l'apport spécifique de l'autre. La gestion apporte des outils d'analyse de l'environnement des organisations. Elle apporte évidemment aussi des outils d'analyse du fonctionnement administratif, financier et commercial des entreprises, par rapport à leurs contraintes et à leurs règles propres. Elle apporte surtout des méthodes qui permettent d'instrumenter les règles et dispositifs de l'action organisée (procédures de gestion, systèmes d'information et de décision…), en prolongement des équilibres résultant des stratégies d'acteurs. La sociologie est de peu de secours dans ces domaines, on ne peut s'en étonner.

Il va de soi qu'une telle conception de la sociologie suppose un aller et retour permanent entre théorie et pratique. Même si l'intervention du sociologue en entreprise est aujourd'hui plus développée que par le passé, il reste encore de considérables progrès à faire. Mais l'attention accrue que portent des responsables de terrain, dans toutes sortes d'organisations, aux grilles d'analyse et de changement d'une sociologie élargie constitue incontestablement un signal positif.

Table

2

Conventions et accords

3

Une sociologie de la traduction

4
Les logiques d'action

RÉALISATION : PAO ÉDITIONS DU SEUIL
IMPRESSION : DARANTIÈRE À DIJON-QUETIGNY
DÉPÔT LÉGAL : AVRIL 1996. N° 26186 (96. 0193)